美 国 小 学 主 流 科 学 教 材

【美】杰伊·哈克特 等 著
张 俊 邓小耶 等 译
郝京华 审定

力和能量 4

Forces and Energy

浙江教育出版社·杭州

本版特色

- 兼顾授受式学习内容和探究式调查活动。
- 采用5E（Engage参与，Explore探究，Explain解释，Extend/Elaborate拓展，Evaluate评估）研究型教学模式。
- 增加工程和设计流程的介绍。
- 培养21世纪技能，如创新创造能力、协作能力、沟通能力、批判性思维与解决问题的能力等。
- 用个性化的生动图像激发学生的学习兴趣。
- 根据知识深度等级体系（Depth of Knowledge，简称DOK）设计评价和测试。

注：原版书中，A单元、B单元表示该内容属于生命科学领域，C单元、D单元表示该内容属于地球与空间科学领域，E单元、F单元表示该内容属于物质科学领域。中文版对此予以保留。

Program Authors

Dr. Jay K. Hackett
Professor Emeritus of Earth Sciences
University of Northern Colorado
Greeley, CO

Dr. Richard H. Moyer
Professor of Science Education and Natural Sciences
University of Michigan-Dearborn
Dearborn, MI

Dr. JoAnne Vasquez
Elementary Science Education Consultant
NSTA Past President
Member, National Science Board and NASA Education Board

Mulugheta Teferi, M.A.
Principal, Gateway Middle School
Center of Math, Science, and Technology
St. Louis Public Schools
St. Louis, MO

Dinah Zike, M.Ed.
Dinah Might Adventures LP
San Antonio, TX

Kathryn LeRoy, M.S.
Chief Officer
Curriculum Services
Duval County Schools, FL

Dr. Dorothy J. T. Terman
Science Curriculum Development Consultant
Former K-12 Science and Mathematics Coordinator
Irvine Unified School District, CA
Irvine, CA

Dr. Gerald F. Wheeler
Executive Director
National Science Teachers Association

Bank Street College of Education
New York, NY

Contributing Authors

Dr. Sally Ride
Sally Ride Science
San Diego, CA

Lucille Villegas Barrera, M.Ed.
Elementary Science Supervisor
Houston Independent School District
Houston, TX

American Museum of Natural History
New York, NY

Contributing Writer

Ellen C. Grace, M.S.
Consultant
Albuquerque, NM

RFB&D learning through listening — Students with print disabilities may be eligible to obtain an accessible, audio version of the pupil edition of this textbook.
Please call Recording for the Blind & Dyslexic at 1-800-221-4792 for complete information.

connectED.mcgraw-hill.com

STEM McGraw-Hill is committed to providing instructional materials in Science, Technology, Engineering, and Mathematics (STEM) that give all students a solid foundation, one that prepares them for college and careers in the 21st century.

Send all inquiries to:
McGraw-Hill Education
8787 Orion Place
Columbus, OH 43240

ISBN: 978-0-02-135619-5
MHID: 0-02-135619-X

Printed in the United States of America.

5 6 7 8 9 10 QVS 21 20 19 18 17

The American Museum of Natural History in New York City is one of the world's preeminent scientific, educational, and cultural institutions, with a global mission to explore and interpret human cultures and the natural world through scientific research, education, and exhibitions. Each year the Museum welcomes around 4 million visitors, including 500,000 schoolchildren in organized field trips. It provides professional development activities for thousands of teachers; hundreds of public programs that serve audiences ranging from preschoolers to seniors; and an array of learning and teaching resources for use in homes, schools, and community-based settings. Visit www.amnh.org for online resources.

译 序

一部好教材欲保持其生命力的重要举措就是要不断地与时俱进，要随着社会的变迁、学术的进步不断地吐故纳新。浙江教育出版社引进出版的《科学启蒙(第二版)》就是这样的一部好教材。

比较这套教材的两个版本，不难发现，第一版显然依据的是1996年美国颁布的科学教育标准。1996年的科学教育标准有三个重要特点：(1)明确科学教育的目标是培养所有学生的科学素养（美国曾经有过把培养科学家作为科学教育培养目标的历史）；(2)强调要把科学本身的实际做法，即科学探究也作为科学教育的内容；(3)将科学课程的内容按“生命科学、物质科学、地球与空间科学”三个领域加以划分。第一版的《科学启蒙》较好地落实了课程标准的这些理念。

第二版依据的是美国2013年颁布的《新一代科学教育标准（NGSS）》。和1996年课程标准相比，2013年的标准有三个显著变化。(1)将科学探究扩充为“科学与工程实践”，明显强化了运用科学概念解决实际问题能力的培养。(2)强调科学大概念。标准提出了判断大概念的4个原则：①具有学科的意义，具有跨越多个学科领域的广泛的重要性，或者是本学科中组织相关知识的关键概念；②具有解释力，能解释许多现象；③具有生成性，能为理解和探究更多的概念和解决问题提供关键的工具，与社会、家庭相关；④能从幼儿园到高中螺旋上升。(3)强调了学科间的融合，不仅是科学、技术、工程、数学的融合，还有科学、语文、数学的融合。

第二版的《科学启蒙》教材真的是在与时俱进。首先，它在继续强调科学探究的同时，大大强化了工程设计部分，不仅在各领域各章节中增加了运用相关知识解决实际问题的机会，还在“做一名科学家”版块增添了有关工程设计的“聚焦技能”。第二，在强调科学大概念方面，教材不仅在各章节都有科学大概念的明确标示，还在各章结尾之处增加了科学概念和技能的测评。第三，在学科融合方面，教材不仅强化了科学阅读（包括文和图）和科学写作的指导，还强化了数学意识和能力的培养。

《科学启蒙》这套教材还有一个突出的亮点就是它精彩的图片。大量有视觉冲击力的照片和灵动的排版为教材增色不少，让人爱不释手。

它山之石，可以攻玉。中国正在进行着课程改革，也正在努力地缩短与发达国家在教育上的差距，引进国外好的教材不失为一种有效的捷径。不同的群体都可以从《科学启蒙》这套教材中获益。它为教材编写者提供了一个如何将内容与活动结合的范例，它给予科学教师教学活动设计的启迪，它为语文老师提供了如何指导学生科学阅读和科学写作的策略，就连出版社也可以从中获得科学教材排版方面的启示。除此，作为一套学生的科学阅读的材料，它也是一个不错的选择。

只有站在巨人的肩膀上我们才可以实现弯道超车，才可以追赶上发达国家，才可以实现伟大的中国梦！国家如此，科学教育亦然，让我们共同努力！

小学科学课程标准研制组组长、修订组副组长
南京师范大学教科院教授 郝京华

目录

Contents

做一名科学家

科学方法 …… 2
科学技能 …… 12
聚焦技能　设计过程 …… 14
安全提示 …… 16

F单元　力和能量

科学和工程　设计解决方案 …………………………… 18

第1章

力 …………………………………… 20

第1课　运动和力 …………………………………… 22

▶ 聚焦技能　运用数字 …………………………… 30

第2课　改变物体的运动状态 …………………… 32

▶ 科学写作　滚动的车轮 ………………………… 40

▶ 科学中的数学问题　摩擦力 …………………… 41

第3课　做功和能量 ………………………………… 42

▶ 科学阅读　混合动力汽车 ……………………… 50

第4课　简单机械 …………………………………… 52

▶ 科学探究 ………………………………………… 62

第1章　复习和测试 ………………………………… 64

第2章 能量 68

第1课 热量 …… 70

▶ 聚焦技能 推理 …… 78

第2课 声 …… 80

▶ 科学写作 井中的声音 …… 90

▶ 科学中的数学问题 倾听回声 …… 91

第3课 光 …… 92

▶ 科学探究 …… 102

第4课 电 …… 104

▶ 科学探究 …… 114

第5课 磁和电 …… 116

▶ 科学阅读 转动的电动机 …… 128

第2章 复习和测试 …… 130

科学工作者 电工·电气工程师 …… 134

探究活动

做一名科学家

你对火山了解多少？ 3

第1章　力

它运动得有多快？ 23
力是如何改变物体运动状态的？ 33
位置和力有什么关系？ 43
滑轮怎样能够省力？ 53

第2章　能量

是什么让哺乳动物在热量稀少的地方保持温暖的？ 71
弦是如何产生音乐的？ 81
什么组成了白光？ 93
摩擦过的气球是如何相互作用的？ 105

扫一扫，码上获取
更 多 学 习 资 源

做一名科学家

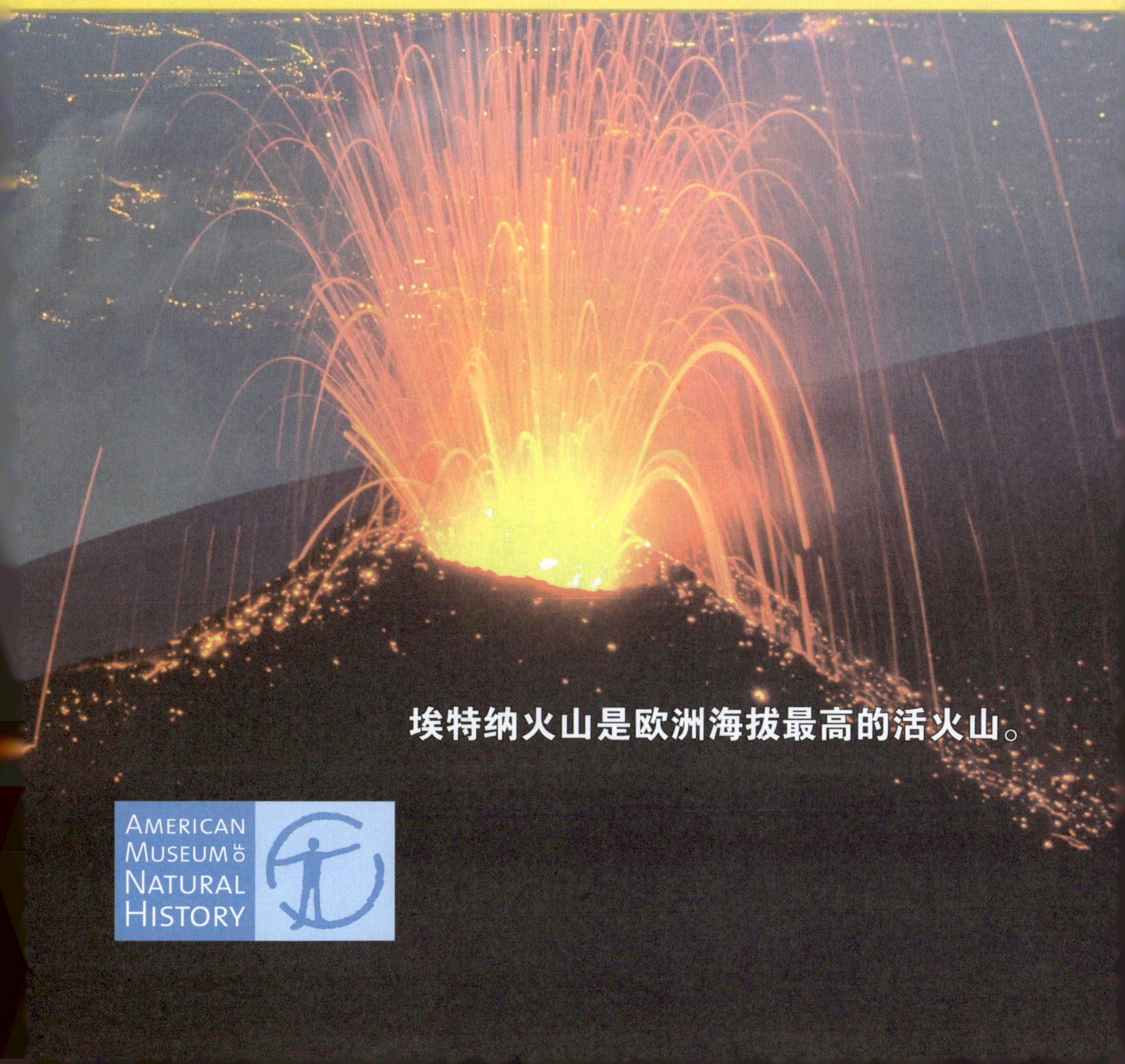

埃特纳火山是欧洲海拔最高的活火山。

AMERICAN MUSEUM OF NATURAL HISTORY

科学方法

看一看，想一想

印度尼西亚的岛屿上有许多活火山。地球内部发生了什么，才使得这些火山灰和气体直冲云霄？

弗朗西斯卡在野外研究火山。

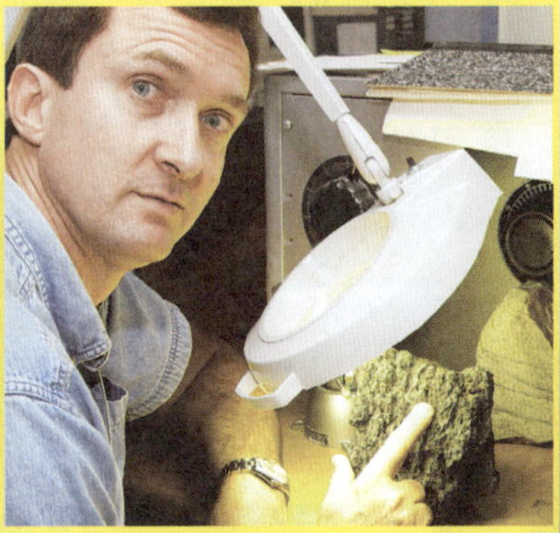

吉姆在实验室里研究火山。

探究活动

你对火山了解多少？

- 为什么有些山是火山？
- 火山喷发时，会发生什么？
- 为什么有些火山比其他火山喷发得更剧烈？

科学家怎样寻找这些问题的答案？

吉姆·韦伯斯特和弗朗西斯卡·辛托尼都是地质学家。他们在纽约的美国自然历史博物馆工作。地质学家是研究地球内部和外部活动的科学家。吉姆和弗朗西斯卡对火山充满了好奇，他们想要更深入地了解火山喷发的原因。

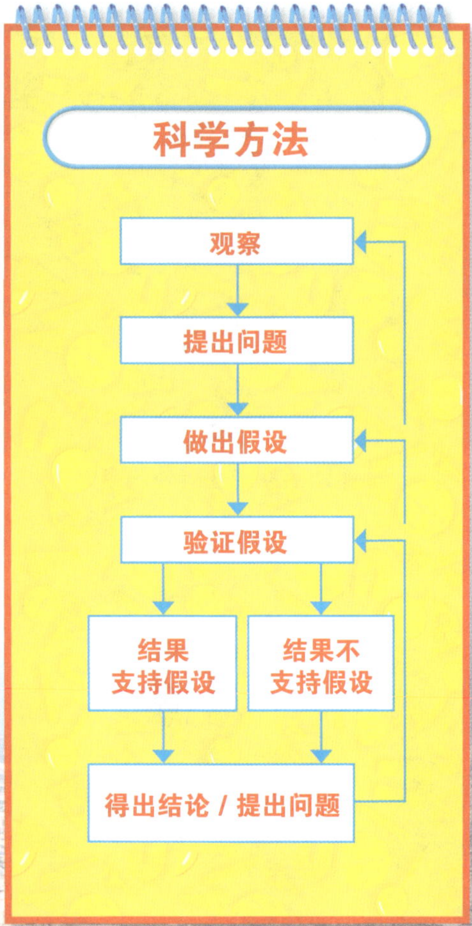

科学家会怎么做?

意大利的那不勒斯市有一百多万居民。这座城市时刻处在一座名叫维苏威活火山的阴影下。在过去的2000年中，这座火山喷发了很多次。住在意大利的弗朗西斯卡说：“它非常危险。”目前，她正在研究维苏威火山。

科学方法

吉姆和弗朗西斯卡想要了解引起像维苏威这样的火山喷发的原因是什么。为了找到答案，他们使用了科学方法。**科学方法（scientific method）**是科学家用来回答问题的一系列步骤和方法。这种方法帮助他们解释自然世界中的各种现象。科学家会按照科学方法建议的步骤进行研究。不过，对于特定研究，并不是每一个步骤都是必须的。

你可以在意大利那不勒斯市看到维苏威火山。它上一次喷发是在1944年。

提出问题

火山内部充满了熔融的岩石，即**岩浆**。岩浆一般存在于地下深处。有时岩浆中会存在气体，如水蒸气、氯气等。

岩浆从火山喷发出来后，就会形成熔岩。许多熔岩表面遍布小孔，这些小孔曾经是炽热岩浆中的气泡。

吉姆和弗朗西斯卡提出了问题：为什么有些火山比其他火山喷发得更剧烈？他们已经知道，水蒸气会影响火山喷发的剧烈程度。根据他们所掌握的知识，吉姆和弗朗西斯卡做出预测：某些其他物质也会影响火山喷发的剧烈程度。他们想测试的一个变量是氯气。**变量（variable）**是指在实验过程中可以被改变的要素。

做出假设

1. 提出多个"为什么"的问题。
2. 寻找重要变量之间的联系。
3. 对这些联系提出可能的解释。

▶ **确保这些解释能够被检验。**

做出假设

吉姆和弗朗西斯卡提出了一种假设。**假设（hypothesis）**是一种能被检验的，可以回答某个问题的表述。他们做出假设：如果岩浆中含有氯气，那么火山就会喷发得更剧烈。

弗朗西斯卡和吉姆想知道火山喷发如此剧烈的原因。

科学家如何验证他们的假设？

吉姆和弗朗西斯卡能在活火山中做实验吗？当然不能！但是，他们可以在实验室中做模拟实验。吉姆的实验室里有一台仪器，它能模拟火山深处的热量和压强。“我们正在尝试模拟地壳深处的温度和压强。”吉姆解释道。

选择实验方案

为了验证他们的假设，吉姆和弗朗西斯卡需要收集证据。他们决定做一系列实验。**实验（experiment）**是一种可以用来支持或推翻假设的科学检验。他俩设计了一系列实验来测试氯气对火山喷发的影响。

撰写实验计划

吉姆和弗朗西斯卡清晰地写下了他们设计的实验步骤。这样一来，不仅他们自己，其他人也可以重复他们的实验。为什么要这么做呢？因为好的实验可以多次重复。每次重复的结果越相似，这个实验提供的证据就越有力。

他们计划将定量的氯气加入火成岩样本中。氯气是这个实验中唯一的变量。在实验中可以人为控制变化的变量称为**自变量**。大多数实验一次只测试一个自变量。

一个好的实验也需要**控制变量**。在这个实验中，科学家计划控制每个样本的质量，环境中的压强和温度都相同。他们又是怎么知道氯气是否对火山喷发的剧烈程度产生影响了呢？他们认为岩石上小孔的数量能反映火山喷发的剧烈程度，因而记录了这些小孔的数量。这些小孔的数量就是本实验中的因变量。

这块火成岩上的这些小孔曾经是岩浆内部的气泡。

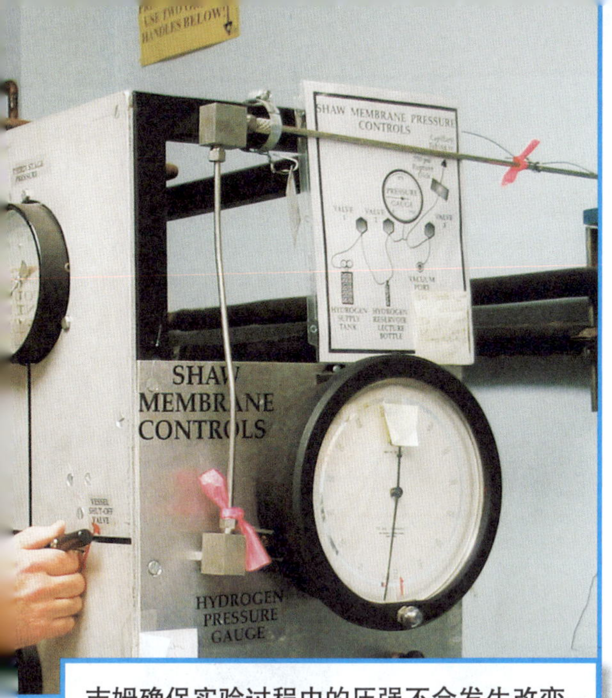

吉姆确保实验过程中的压强不会发生改变。

验证假设

1. 仔细思考可以用来验证假设的不同数据。
2. 选择最有效的方法来收集数据。
   - **操作实验**（在实验室里）
   - **观察真实环境**（在野外）
   - **建立和使用模型**（在电脑上）
3. 设计实验步骤，收集数据。

▶ **确保设计的步骤可以被其他人重复。**

收集数据

吉姆和弗朗西斯卡按照设计的实验方案，把碎石和水倒入多个小金属容器中，再加入不同数量的氯气，其中一个容器不加氯气。

弗朗西斯卡将这些密封的容器放进一个坚固的钢瓶里，然后使钢瓶内部升温并加压。实验时，钢瓶内部的温度比烤比萨的烤箱温度还要高 10 倍左右！

实验一周后，冷却钢瓶并将它打开。吉姆和弗朗西斯卡打开小容器，取出冷却的岩石并将其放在显微镜下观察，数清小孔的数量后再将数据记录下来。最后，他们按完全相同的步骤进行了重复实验，确保实验数据科学、可靠。

岩石粉碎成小颗粒。

科学家如何分析数据?

吉姆和弗朗西斯卡收集数据时，会很仔细地记录下他们所观察到的现象。他们观察不同氯气含量的容器中每块冷却的岩石，记录下这些岩石的小孔数量，然后以合理的方式整理所有数据。

▼助理实验员用电子显微镜观察每个样本。

比较样本

样本 1

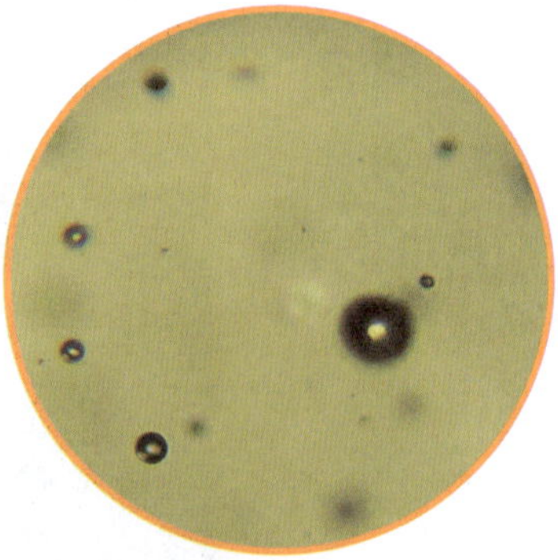

样本 2

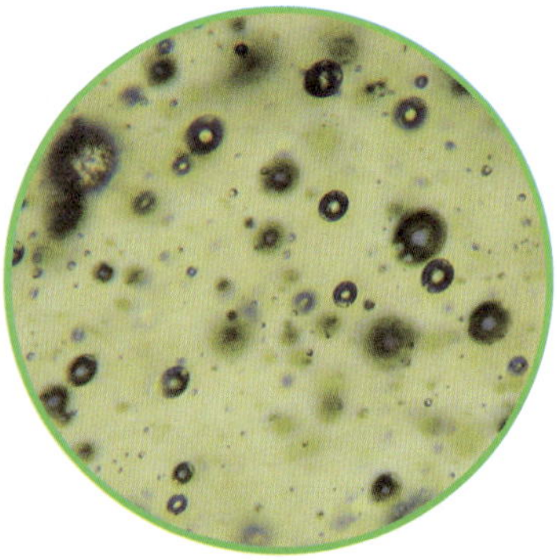

样本 3

数据表格				
次数	温度	压强	氯气	气泡
1	920℃	200 MPa	0%	没有
2	920℃	200 MPa	0.8%	有一些
3	920℃	200 MPa	0.9%	很多

寻找规律

上面的表格呈现了吉姆和弗朗西斯卡的部分研究结果。总的来说，他们大约做了 50 次实验，每次实验都用了大约一周的时间。也就是说，他们花了快一年的时间来收集数据！

吉姆和弗朗西斯卡整理完所有的数据之后，开始寻找规律。这些数据反映了什么信息？样本中含有的氯气越多，冷却后的岩石上就有更多的小孔，而没有加氯气的对照岩石样本上，竟然一个小孔也没有。

分析数据

1. 将数据整理成表格、曲线图、地图等形式。
2. 寻找数据中所反映出来的假设中的几个重要变量间的关系。

▶ **通过将数据与其他来源的数据进行比较，来检查数据的可靠性。**

检查错误

在进行实验的过程中，吉姆和弗朗西斯卡检查了他们所有的步骤，确定实验过程的正确性。如果发现实验步骤有一点错误，那么他们就不能用此次实验得到的数据。错误意味着他们必须再次重复实验。

科学家如何得出结论？

现在，吉姆和弗朗西斯卡必须确定实验数据是否支持他们的假设。他们将实验结果与维苏威火山和其他火山喷发形成的喷出岩作比较。通过比较，他们可以得出结论。

岩浆里含有更多的氯气会导致火山更剧烈地喷发吗？“是的，会！”弗朗西斯卡给出了肯定的答案。

实验结果并不是每次都能支持待验证的假设的，这也许不算什么坏事。科学家在假设不被支持时，会寻找原因，他们还会用不同的方法进行新的实验，从而来验证假设。

有时候科学家会得出假设不正确的结论。这时，他们会提出新的假设，然后按照科学方法的步骤再次进行验证。

美国阿拉斯加的圣奥古斯丁火山

浮石是火山喷发后形成的一种岩石。

交流

吉姆和弗朗西斯卡会报告并分享他们的结论。这样一来，其他科学家就可以做同样的实验，并将他们的结果与前人的研究进行比较。许多科学家会分享他们的实验结果，以便其他人可以在他们研究的基础上做进一步探究。

提出新问题

一位科学家的实验结果可能会引出新的问题。吉姆想知道：氯气是否影响所有火山的喷发程度？还有什么气体也会影响火山喷发的剧烈程度？火山喷发时还会发生什么？

现在，吉姆在美国阿拉斯加研究圣奥古斯丁火山。和维苏威火山一样，圣奥古斯丁火山也是一座活火山，它在美国阿拉斯加库克湾形成了一个火山岛。

得出结论

1. 判断数据能否明确地支持假设。
2. 如果结果不够明确，重新考虑一下实验步骤。
3. 把结果写下来与他人分享。

▶ **确保能提出新问题。**

想一想，说一说，写一写

1. 为什么科学方法对科学家来说很有用？
2. 你还能想到其他哪些关于火山的问题？选择其中一个，做出一个可以被验证的假设。
3. 如果科学家收集的数据推翻了他们的假设，他们应该怎么做？

吉姆和其他科学家一起访问圣奥古斯丁火山，并开展了新的观测。

科学技能

科学家在运用科学方法的过程中，会用到许多探究技能。探究技能可以帮助科学家收集信息，并回答关于周围世界的问题。下面列举了所有科学家都会用到的一些重要探究技能：

▲ 从这张照片中，你能观察到松鼠的哪些特点？

观察　运用感官去认识物体或事件。

做出假设　为回答某个问题提出一个可以被检验的说法。

交流　与他人分享信息。

分类　将具有相似属性的事物分为一组。

处理数据　运用排序、计数、加、减、乘、除等数学方法来处理数据。

建立模型　用一个模型来表示某个事物或现象。

科学家会在开始实验前做出假设。

盒子 A	
预测	
天	观察结果
1	
2	
7	
10	

◀制作数据表是一种整理信息的好方法。

使用变量 找出可以控制或改变实验结果的某些条件。

解释数据 用收集到的信息来回答问题或解决问题。

测量 获知事物的大小、距离、时间、体积、面积、质量或温度等特性。

预测 预先推测事件或实验的可能结果。

推理 根据事实或者观察到的现象提出符合逻辑的观点。

实验 为验证假设进行一系列活动或操作。

实验中，使用变量对科学家来说很重要。▶

探究技能培养

在本书的每个章节中，你会看到一个“技能训练”专栏。这些专栏可以帮你练习科学家所需要的技能。

聚焦技能

科学和技术：设计过程

工程师遇到问题时，一定会设计一个解决方案。有时候，工程师会选择提出一种全新的解决方案；有时候，他们只需要改进现有的设计。

▶ 学习

你会怎样设计一座桥？使用**设计过程（design process）**可以帮助你设计出解决方案。

1. **确定并描述问题**
   要想解决问题，必须先理解问题。比如，建桥前需要思考你理想中的桥横跨的距离有多长，它能承重多少。

2. **提出解决方案**
   你提出的解决方案应该考虑到现实中的各种信息，比如，需要考虑已有的材料，以及你有多少时间可以来解决这个问题。

3. **建立模型**
   模型是一种小型或实际尺寸的物体复制品。建筑师和工程师常用模型来测试他们的设计。

4. **测试并修改设计方案**
   评价一项设计方案，需要解答以下问题：
   - 它起作用了吗？
   - 它还有哪些地方需要改进？

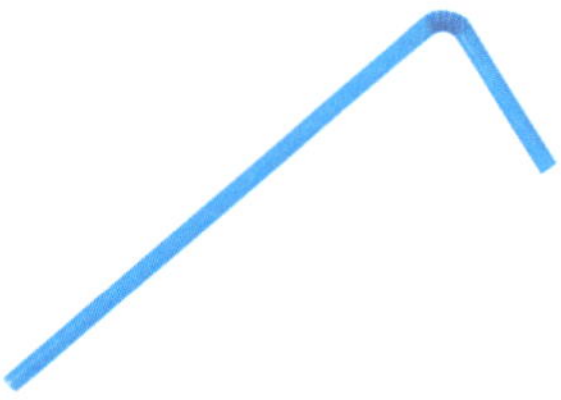

5. **解释方案**
   最后，与其他人交流你是怎样解决问题或为什么你的方案不起作用。大多数设计刚开始并不完美。在小组讨论时，以图片、表格等形式展示你的设计，请别人帮助你进一步完善解决方案。

▶ 尝试

材 料 胶带、吸管、回形针、彩色卡纸、橡皮筋、硬币、塑料杯。

1. 根据前面的**设计过程**，利用教室中常见的材料搭建一座桥。你的桥梁可以搭在两张书桌之间，也可以搭在两摞书之间。请保证书或者课桌之间的距离大约是 0.5 米。这座桥必须能支撑起一个装有 20 枚硬币的塑料杯。
2. 在搭桥之前，请先画一幅图来说明这座桥的样子。给这张图起个名字，并列出需要用到的材料。
3. 建造你的桥。
4. 测试你的设计。它能否支撑起一个装有 20 枚硬币的塑料杯？
5. 如果这座桥不能支撑这个塑料杯，请改进你的设计方案，然后再试一次。
6. 向全班同学分享你的解决方案。

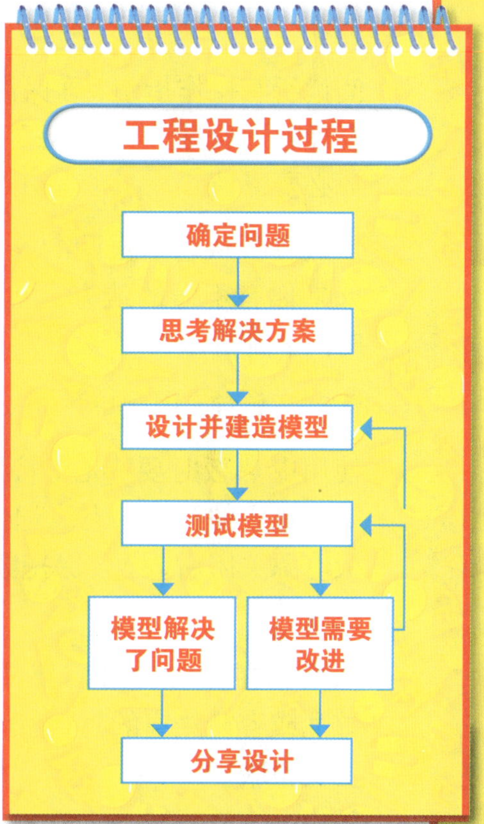

交流是设计过程的最后一个步骤。

▶ 应用

1. 你可以继续改进这座桥，使它能支撑起一个装有 40 枚硬币的塑料杯吗？
2. 比较你和其他同学在实验中遇到的问题，你们是否遇到了相同的问题？
3. 在你设计一座真正的桥时，为什么建立模型这个步骤很重要？
4. 在这个实验里，你是如何用设计过程来解决问题的？
5. 研究很久以前建造的桥，了解桥梁设计是如何随着时间而改变的，以及桥梁是如何改善人类生活的。

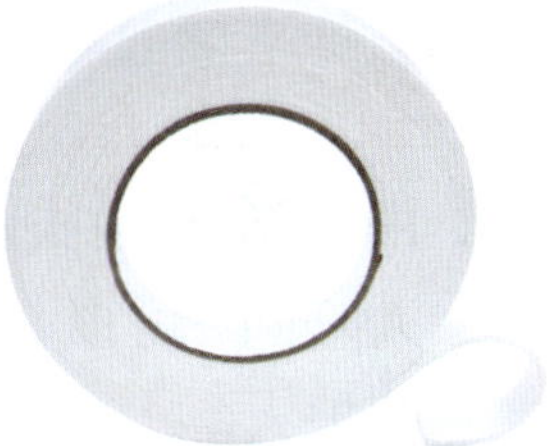

安全提示

室内

- 阅读所有操作指南，确保你已经完全理解。看见“△小心！”标志时，务必要谨慎。
- 请认真听从老师强调的安全守则。如果你有不懂的地方，应及时向老师寻求帮助。

- 活动开始前，用肥皂洗手。
- 使用电热板时要小心，特别要注意它的开关状态。记住，电热板电源关闭后，还会保持数分钟的热度。
- 如果你在做实验时需要使用一些脏乱或容易溅出的材料，请记得穿上实验服。
- 如果有液体不慎溅出，请立刻清理或寻求老师的帮助。

- 请按照老师的要求处理废弃物。
- 如果有器材损坏，应该立即报告老师。如果打碎了玻璃制品，不要自行清理，应报告老师，获取帮助。
- 根据老师的要求戴上护目镜。实验操作时，可能会用到一些固体或液体，为防止它们飞溅到眼睛里，请一定要戴上护目镜。

- 把头发绑好，把袖子挽起来，确保你的头发和衣服远离明火。
- 使用电器设备时，要确保手是干燥的。
- 实验过程中禁止饮食。
- 请按照老师的要求，把实验器材和设备放回原处。
- 活动结束后，将实验场所清理干净并用肥皂洗手。

室外

- 户外活动时找一位可信任的成年人陪同，可以是老师、父母或其他监护人。
- 没有得到成人的允许，请不要随意触摸动植物。因为有些动物可能会咬人，有些植物可能有毒。

责任 **请注意尊重生命、爱护环境和你的同伴。**

力和能量

风力发电将空气的动能转化成电能。

实践：设计解决方案

能量无处不在，光、热和声音都是能量的形式。运动的物体有能量，那些可能会坠落或滑落的物体也具有能量。

▶ 学习

能量可以从一种形式转换成另一种形式。当滑雪者站在山顶上时，他具有势能。当他滑下山时，这种能量转化为动能。当滑雪板从雪地上疾驰而过时，部分动能又转化为热能。

假设有一座老建筑需要被拆除，一种常见的方法是使用破坏球。向后拉球，然后松开，球向目标建筑物撞过去。当它击中建筑物时，能摧毁一大片墙壁。破坏球的工作原理正是将一种形式的能量转化成另一种形式的能量。

▶ 尝试

1. 把一根绳子的末端紧紧地绑在一个网球上，给绳子留出足够的长度，使之能够从门框上方垂落到离地面大约15厘米的位置。△**小心!**

2. 把绳子的上端绑在门框顶部的中间位置，以便球可以自由地摆动。

3. 让一个同伴把球拉到一边。用积木在门道中间的地板上建造一个简单的塔。塔应该足够高，以便球能够击中塔的中心。

4. 把球向后拉到距塔60厘米的位置，放手，让它撞到塔上。

5. 塔此时的情况如何？记录你的实验结果。

▶ 设计

和同伴一起，提出一个问题，这个问题必须能够通过能量的转换得到解决。然后为这个问题设计一个解决方案。检验你的解决方案并记录结果。

▶ 应用

你的解决方案效果如何？你打算如何改进？修改你的解决方案使其效果更好。记录你的实验结果。

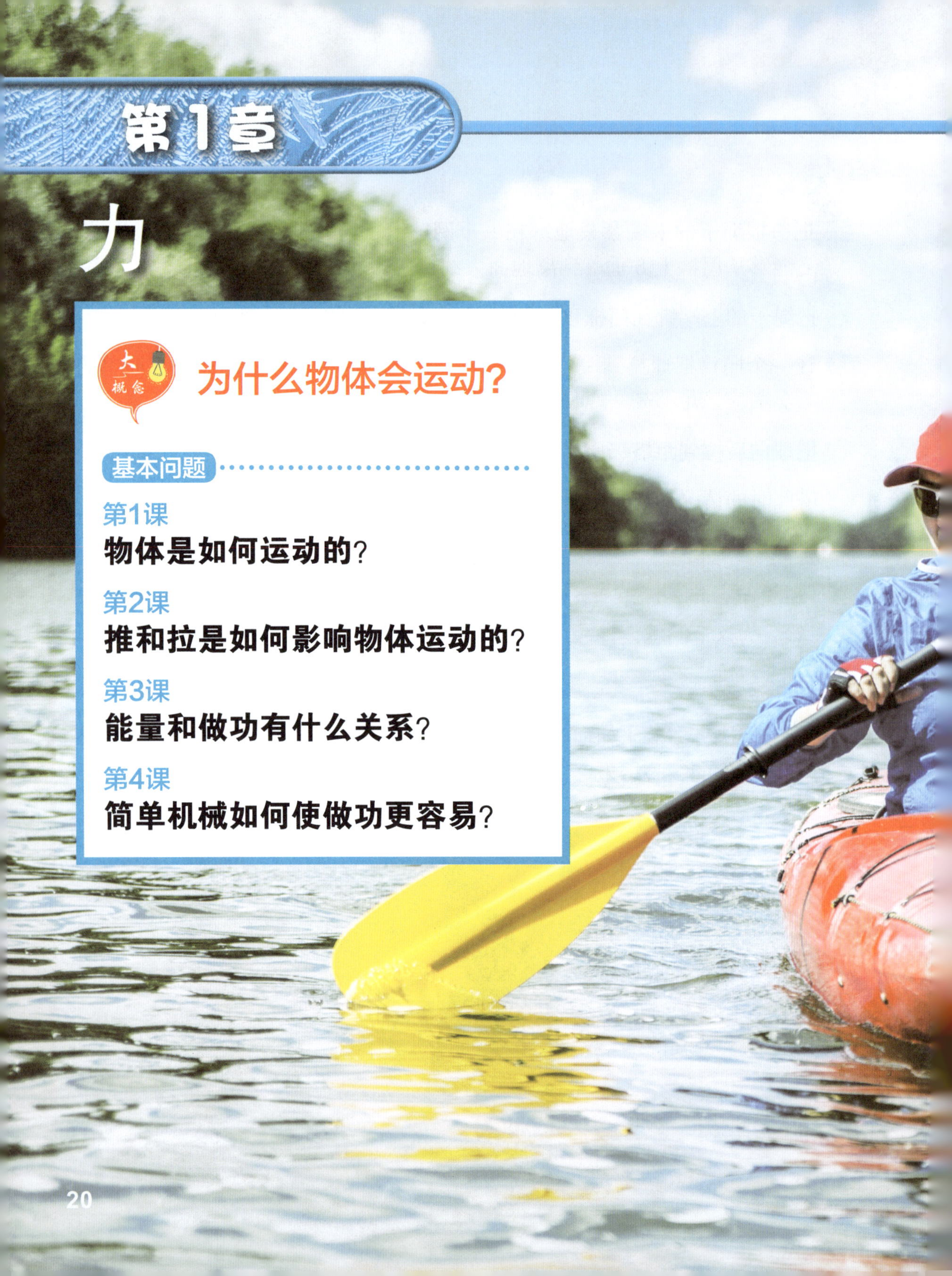

第1章

力

为什么物体会运动?

基本问题

第1课
物体是如何运动的?

第2课
推和拉是如何影响物体运动的?

第3课
能量和做功有什么关系?

第4课
简单机械如何使做功更容易?

大概念 核心词汇

速率 物体在单位时间内移动的距离。

力 推动或拉动物体时使用的就是力。

引力 一种能够跨越距离起作用并把所有物体吸引到一起的力。

做功 使用力把物体移动一定的距离。

能量 做功的能力或使物体运动的能力。

简单机械 仅由几个部件组成而能使做功更容易的物体。

第1课

运动和力

看一看，想一想

你喜欢跑步吗？当你跑步的时候，你运动得很快，并消耗了许多能量。你是如何分辨一个跑步者运动快慢的？运动快慢受什么影响？

探究活动

它运动得有多快？

做出预测

弹珠从一条斜坡上滚下来要用多长时间？斜坡的高度会影响弹珠的运动吗？如果会，是怎样影响的？请你做出预测。

检验预测

1. **建立模型** 把三本书摞在一起，将一个硬纸筒按右下图所示放置，用胶带将纸筒的位置固定。
2. 让一颗弹珠沿着纸筒内侧滚下，同时启动秒表。当你听到弹珠击中书的声音时，记下时间。重复这个步骤三次。
3. **使用变量** 把两本书摞在一起，重复这个实验；然后只用一本书，再次重复这个实验。

得出结论

4. **解释数据** 制作一张条形图，比较用三本书、两本书和一本书的实验结果。哪种情况下弹珠运动得最快？
5. 你的结果和预测相符吗？请解释。
6. **推理** 为什么每个实验重复三次很重要？

进一步探究

如果你使用更长的纸筒，结果会改变吗？如果你将书摞得更高呢？做出预测并试一试！

材 料

- 4本书
- 硬纸筒
- 胶带
- 弹珠
- 秒表

步骤 2

读一读，学一读

基本问题

物体是如何运动的？

词汇

速率

速度

力

加速度

惯性

摩擦力

引力

阅读技能

推理

线索	已知	推理

什么是运动？

当弹珠从纸筒中向下滚动时，它不断改变着自身的位置。它的起始位置在纸筒的顶部，而终点位置在纸筒的底部。如果一个物体的位置在不断变化，那么这个物体就处于**运动**状态。

位置

我们怎样才能知道某个物体是否在运动呢？我们可以观察这个物体的**位置**。当某个物体的位置发生改变时，我们就知道它运动了。

左、**右**、**上**、**下**、**东**、**西**等词语都能描述位置。当我们描述一个物体的位置时，我们会把它和周围的其他物体作比较。用于比较的对象被称为**参照系**。

描述位置的另一种方法是描述距离。**距离**是指两点或两个地方之间相隔的远近。我们可以对距离进行测量。例如，纽约市离华盛顿哥伦比亚特区的距离大约是 370 千米。我们还可以说，纽约在华盛顿哥伦比亚特区的东北方向。

▼ 马跑得快，但猎豹跑得更快！

速率

所有运动的物体都有速率。**速率（speed）**是物体在单位时间内移动的距离。猎豹的奔跑速率可以达到 112 千米 / 时，你可以把它写成 112 km/h。赛马的速率可以达到 76 km/h。

怎样才能求出一个物体的速率？首先，确定该物体运动的距离；接着，确定它通过这段距离需要多长时间；然后，用运动距离除以所用的时间。假设你 1 小时骑自行车行驶了 12 千米，那么你的速率就是 12 km/h。

▲ 钟摆摆动时，速度每时每刻都在改变。

速度

人们有时会混淆速度和速率。速率表示物体移动的快慢，而**速度（velocity）**则描述了物体的速率和运动方向。自行车选手的速率可能是 50 km/h，若她以 50 km/h 的速率**向西**运动，则这就是她的速度。

摆是指能够产生摆动的一种机械装置。摆会来回摆动，摆运动时，摆的速度一直在改变。

如果这列火车的速率是 300 km/h，那么它的速度就是 300 km/h，向东运动。

快速检测

推理 向西跑的运动员越过了比赛终点线。你怎么知道她发生了运动？

批判性思维 一个女孩向北跑 50 米，然后再向西跑 50 米。她的速率没变。她的速度改变了吗？说一说你的看法。

力如何改变运动状态?

你每天可能都会推动或拉动物体。当你投球时，你的手会推动球，然后球就会射出去。每一次推或拉都是在使用力（force）。

力的强度可大可小。起重机用来提起卡车的力是巨大的，你的手用来拈起羽毛的力很小。力能使物体开始运动或停止运动，力也能改变运动物体的速度。

加速度

当速滑运动员在赛道上比赛时，他们时而加速，时而减速；时而向左转、时而向右转或是绕着圆圈滑行。运动物体的速度随时间的变化称为加速度（acceleration）。

惯性

滑冰运动员除非受到外力的作用，否则不会开始运动。而处于运动状态时，她不能改变自己的速度，除非有一个力作用在她身上。惯性（inertia）是物体保持原来匀速直线运动状态或静止状态的性质。

加速度

读 图

这些滑冰运动员是如何加速的?

▲ 当一个力作用在乒乓球上时，它的运动状态就会改变。

摩擦力

所有有质量的物体都有惯性。那么，是什么让一颗滚动的弹珠停下来的呢？为什么它不能一直以不变的速度滚动呢？答案是有其他力阻碍了它的运动。

摩擦力（friction）是一种阻碍物体运动的力。两个物体接触面之间可能存在摩擦力。物体表面相互摩擦，使物体减速或停止运动。

滚动的弹珠与它所接触的物体表面有摩擦力，摩擦力使弹珠最终停止运动。冰面与冰鞋钢刃之间的摩擦力很小。

迷你实验

惯性和摩擦力

1. 把一张纸平放在书桌上，在它上面放一个塑料碗。

2. **预测** 如果你尽可能快地把纸从碗底抽出来，你认为会发生什么？试一试。
3. 你的预测正确吗？你抽纸的时候，碗发生了什么变化？
4. **推理** 为什么要很快地把纸抽出来？
5. 什么力会使结果发生改变？简要说明。

快速检测

推理 如果没有摩擦力，运动中的物体会停下来吗？简要说明。

批判性思维 你坐在车里，司机突然刹车，会发生什么情况？为什么？

什么是引力？

就在此刻，有一个力正作用在你身上。这个力一直作用在你身上，它使你很难离开地面。你知道这个力吗？它就是引力。

引力（gravity）是一种能够跨越距离起作用并把所有的物体吸引到一起的力。引力的大小取决于两点：一是物体的质量，二是物体之间的距离。

质量越大的物体，对其他物体的引力越大。例如，地球的质量是巨大的，它对所有物体都有很强的吸引力，强到能够使你的脚站立在地面上；月球的质量比地球的小，所以它的引力相对较弱。当两个物体靠得更近时，引力也会变得更强；当两个物体距离变远时，引力就会减弱。

快速检测

推理　火星的质量比地球的质量小，火星上的引力会与地球上有什么不同？为什么？

批判性思维　太阳的质量比地球的质量大得多。你感觉到太阳的引力了吗？简要说明。

读　图

引力如何影响苹果从树上落下的运动？

线索　这幅画想要表达什么？

课后回顾

摘要

运动是物体位置的变化。速率和速度是两种描述运动的方式。

加速度是运动物体速度随时间的变化。

引力是把所有物体吸引到一起的力。它的大小取决于物体的质量和物体之间的距离。

制作 折叠式学习卡

制作折叠式学习卡，来总结本课关于力和运动的内容。

想一想，说一说，写一写

1. **词汇** 速率和速度的区别是什么？
2. **推理** 一个骑自行车的人以 20 km /h 的速率行驶了 30 分钟。他是从起始位置向东行驶的。你能从他的运动中推断出什么？

线索	已知	推理

3. **批判性思维** 树叶从树上落下，落地前它在空中飘动。哪两种力影响了树叶的运动？
4. **测试** 一个力使某一物体向地面下落时加速，这个力是（　　）。
   A 引力　　B 摩擦力
   C 惯性　　D 速度
5. **基本问题** 物体是如何运动的？

数学链接

计算速率、时间和距离

一辆汽车 5 小时行驶了 400 千米，它的速率是多少？如果一辆公共汽车以 25 千米 / 时的速率行驶，行驶 50 千米需要多长时间？如果你步行 1 小时能走 4 千米，3 小时能走多少千米？

社会链接

不断变化的交通工具

当一种更快的交通工具被发明出来时，人们的生活可以发生很大的变化。如果没有交通工具，你的生活将会受到什么影响？

聚焦技能

探究技能：运用数字

已知引力会影响地球上的物体。科学家可以通过测量物体的运动来了解引力是如何影响其加速度的。要解释这些数据，你可能需要做一些数学运算或绘制图表。运用数字来测量、记录和解释数据。

▶ 学习

当你运用数字时，你可以对它们进行排序、加、减、乘、除等。这是一项重要的技能。如果把数字整理到表格、图表或折线图中，运用数字会更容易。这样，你就可以更方便地解释你的结果。

▶ 尝试

当一个物体向下滚动时，引力使它加速。运用数字来了解引力使物体加速有多快。

材 料 长桌、尺子、胶带、四本书、易拉罐、秒表、坐标纸

1. 用尺子和胶带把桌面划分成几段，每段的长度为 25 厘米。
2. 在桌子一端的两条桌腿下面各垫两本书。

距离	第一次测试	第二次测试
	时间（按秒计算）	时间（按秒计算）
开始	0	0
线1		
线2		
线3		
线4		
线5		

3. 制作一张如图所示的数据表，在表中画出与步骤 1 做出的胶带线数量相等的行。你的数据表上的行数可能与图示表格的行数不同。
4. 把易拉罐侧着放在桌子垫高的一端。在你释放易拉罐的同时启动秒表。在易拉罐滚过每一条胶带线时，记下时间。在表格中第一次测试的那列里填写数据。让你的同伴在易拉罐滚下桌面之前抓住它！
5. 重复步骤 4。在表格中第二次测试的那列里记录时间。

▶ 应用

运用数字在坐标纸上画一个折线图。

1. 将底部的横轴标注为时间（单位为秒），左侧的纵轴标注为距离（单位为厘米）。将折线图命名为“易拉罐的加速度”。
2. 在纵轴上以 25 为间隔标记出相等的距离（0、25、50，依此类推）。用桌子上最后一条胶带线的距离作为最后一个刻度。以 1 为间隔在横轴上做标记。
3. 将第一次测试中的数据以（a，b）的形式写成有序数对，其中 a 为时间，b 为距离。在坐标纸上给每个有序数对描点。有些秒数是小数，描点时可能需要估计位置。用直线把这些点连起来。将第二次测试的结果用相同的方法进行处理，但要用不同颜色的笔进行描点和连线。
4. 每个有序数对为你提供了哪些信息？易拉罐移动最慢的地方在哪里？最快的地方呢？易拉罐在加速吗？你是怎么知道的？

第2课

改变物体的运动状态

看一看，想一想

投球手把球快速投向本垒板，击球手准备挥棒。击中了！棒球飞进了左外场中。是什么使棒球的运动发生了变化?

探究活动

力是如何改变物体运动状态的？

做出预测

如果你让钢珠滚下斜坡，它应该沿直线运动。磁铁会如何影响钢珠的运动？请你做出预测。

检验预测

1. 摞起 4 本书，把硬纸板斜靠在最上面的书上，形成一个斜面，把另一本书紧靠斜面的底部放置。
2. **观察** 让钢珠滚下斜坡，用记号笔画出钢珠滚下斜坡时的轨迹。
3. **观察** 如图所示，一手拿着磁铁，另一只手释放钢珠。描绘出这次钢珠滚过的新路径。
4. **使用变量** 移动磁铁使之更接近斜坡。重复步骤3。

得出结论

5. **解释数据** 步骤 3 中钢珠的路径发生了什么变化？磁铁是如何影响钢珠的速度的？钢珠加速了吗？它是以什么方式加速的？
6. **推理** 观察你所描绘的钢珠的运动轨迹。磁铁的引力在哪里最强？在哪里最弱？

进一步探究

如果使用磁力更强或更弱的磁铁，你预测会发生什么。如果磁铁被放在纸板下面呢？检验你的预测。

材 料

- 5本书
- 纸板
- 钢珠
- 马克笔
- 磁铁

步骤 3

读一读，学一学

基本问题

推和拉是如何影响物体运动的？

词汇

平衡力

不平衡力

牛顿

阅读技能

预测

我的预测	实际发生的

力如何影响运动？

当击球手击中棒球时，他施加了一个力，还有其他力也在起作用。作用在物体上所有的力是如何影响物体运动的？

平衡力

当你把一个沉重的背包放在书桌上时，它不会动。引力把背包拉向地球，但你的书桌阻挡了背包的下落。书桌用力把背包顶了起来，那个力的大小正好等于重力。我们把这两种力称为平衡力。

平衡力（balanced force）是指共同施加在同一个物体上的大小相等、方向相反的两个力。平衡力不会引起物体运动状态的变化。

如果这两只小狗用同样的力拉这只鞋子，鞋子就不会动，它们的力是平衡的。如果一只小狗用的力更大，鞋子就会向它移动。

力的单位（牛/N）

读 图

选择你想要放到背包里的物品。你需要多大的力才能拿起背包？

线索　计算你所选择物品的总重量是多少。

这个空背包重 5 N。

不平衡力

假设你在桌子上推动着一个沉重的背包，背包和桌子之间有摩擦力，而摩擦力比推力小。你是如何得知的？因为背包在移动！

大小不相等的力为**不平衡力（unbalanced force）**，它引起物体运动状态的改变。运动的方向取决于来自哪个方向的力更大。不平衡力可以影响物体的运动方向或速率，或同时影响两者。

300 多年前，英国科学家艾萨克·牛顿论述了力与运动之间的关系。今天我们用**牛顿（newton）**［简称牛（N）］作为力的单位。

重量和重力

重量和重力有什么关系？物体之所以有重量，是因为地球引力把它向下拉。因此，重量是指重力的大小。

快速检测

预测　如果一只小狗拉鞋子的力是另外一只小狗的 2 倍，会发生什么？为什么？

批判性思维　一颗钢珠被放置在两块磁性强度相等的磁铁中间，钢珠会动吗？为什么？

力是如何影响加速度的？

你会游泳吗？如果你曾经游过，你就会知道必须用更大的力划水才能游得更快。跳高时，要想跳得更高，你要用更大的力蹬地。

力的大小影响物体的加速度：力越大，物体的加速度就越大。物体的质量也很重要。在你施加同样大小的力的前提下，质量较大的物体获得的加速度较小。

合力

请看下面的图表。在第一张图中，一个人拉动物体，物体加速运动。在第二幅图中，两个人拉着同样的物体，且两人用的力都与第一幅图中人用的力一样大，此时它的加速度是原来的 2 倍。这是为什么？因为两个人的力量是一个人的 2 倍。

第三幅图中发生了什么？一个人拉了前两幅图 2 倍的物体。她用的力和第一幅图中人用的力一样大，但物体的加速度只有原来的一半。

力和加速度

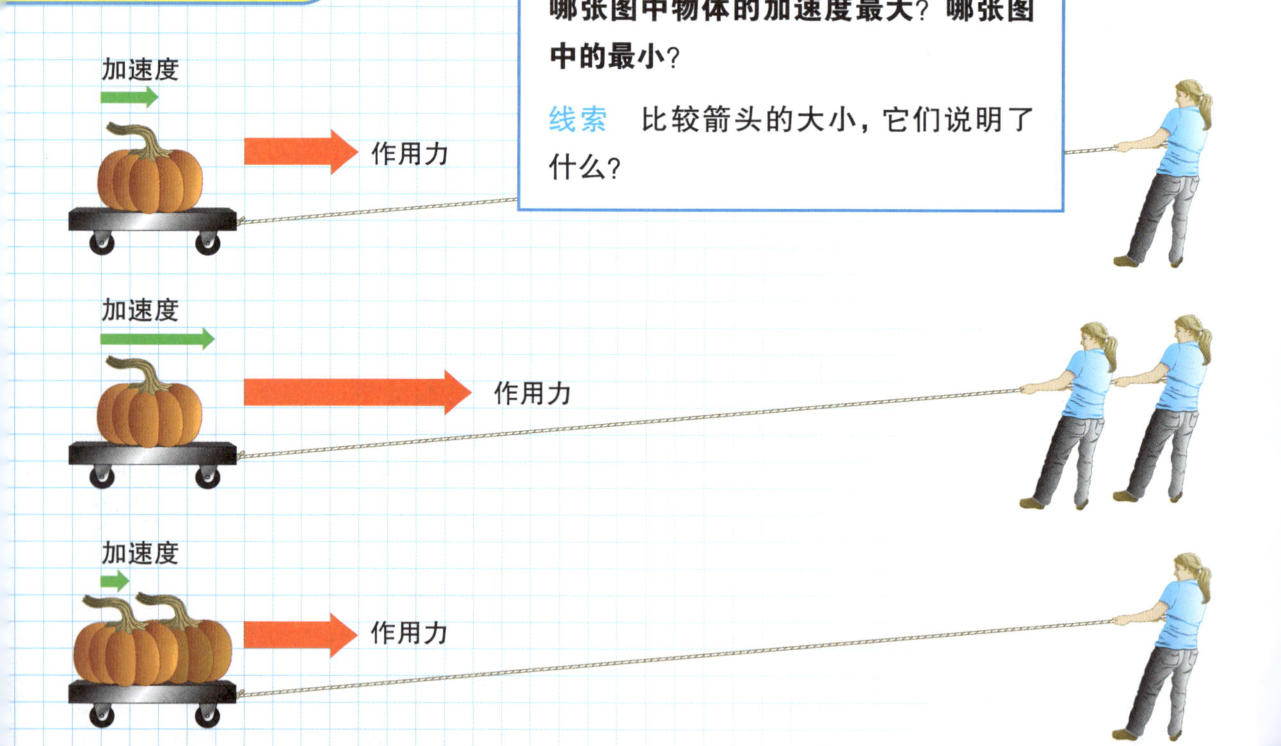

读　图

哪张图中物体的加速度最大？哪张图中的最小？

线索　比较箭头的大小，它们说明了什么？

如果所有的参赛者施加的力相等，谁会赢呢？质量最小的选手会取胜，因为他的加速度最大。

力、质量和惯性

回忆一下，惯性是物体保持原来匀速运动状态或静止状态的性质。改变物体的运动状态所需力的大小取决于物体的质量。质量越大，惯性就越大。

如果你试图推动两个静止的物体，你需要用更大的力来推动质量较大的物体。

真相 **需要力来使运动中的物体停下来。**

假设你试图拦住从山上滚下来的两个不同的球，要使质量更大的球停下来，需要耗费更大的力。同样的，在这种情况下，需要更大的力来改变物体的运动状态。

快速检测

预测 佩格用 5 N 的力踢足球，如果她踢第二次时使用 10 N 的力，球会运动得更快吗？说明你的看法。

批判性思维 保龄球和足球的大小差不多，为什么打保龄球更费力？

迷你实验

摩擦力和运动

1. 用一根绳子绑住一本书。把书放在光滑的桌面上，并将绳子挂在弹簧测力计上。再拿两本书摞在第一本书的上面，如下图所示。
2. **预测** 轻轻拉动弹簧测力计，测出刚好能把书拉动的力。记录结果。
3. 用弹簧测力计沿着桌面快速拖动书。测量并记录力的大小。
4. **推理** 静摩擦力是否大于滑动摩擦力？根据步骤2和3的结果回答问题。

冰球运动员的钢质冰鞋能减小摩擦力。

摩擦力如何影响运动？

想象一名在冰上滑行的冰球运动员，再想象一个穿着运动鞋站在公交站地面上的学生。如果这个学生蹬一下地面，他会滑出去吗？为什么？

记住，摩擦力是一种阻碍物体发生相对运动的力。当有相对运动或相对运动趋势时，互相接触的两物体表面会产生摩擦力，摩擦力的大小取决于接触面的粗糙程度，粗糙的表面产生的摩擦力比光滑的表面更大。冰鞋的钢刃和冰面之间几乎没有摩擦力，而运动鞋底和地面之间有较大的摩擦力。

为什么我们要给自行车的活动部件涂抹润滑油呢？因为润滑油可以减小部件之间的摩擦力，使人骑行时省力。

快速检测

预测 你更有可能在冰上滑倒还是在草地上滑倒？为什么？

批判性思维 你见过写着“地面湿滑”的标志吗？为什么水会使地面变滑？

课后回顾

摘要

	平衡力是指共同作用在同一物体上的大小相等、方向相反的两个力。
	较大的力使物体产生的加速度比较小的力大。
	摩擦力是一种阻碍物体发生相对运动的力。它的大小取决于接触面的粗糙程度。

制作 **折叠式学习卡**

制作折叠式学习卡，来总结本课关于运动状态改变的内容。

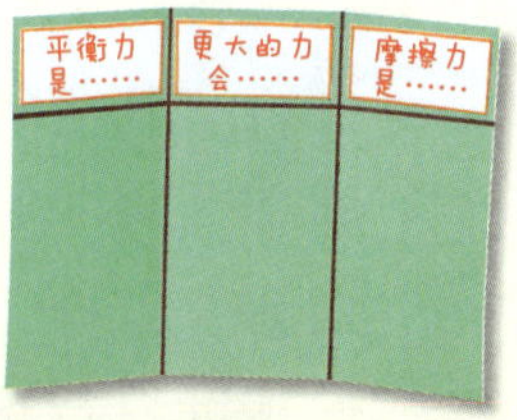

想一想，说一说，写一写

1 **词汇** 科学家以______为单位来描述一个力的大小。

2 **预测** 一名学生有两块强度相同的磁铁，她在斜坡两边各放了一块磁铁，并让一颗钢珠从斜坡上滚下。然后她将两块磁铁放在斜坡的同一侧，并再次让钢珠从斜坡上滚下。预测两次钢珠的轨迹。

我的预测	实际发生的

3 **批判性思维** 玩滑梯的时候，有些人会选择坐在光滑的垫子上。他们为什么这么做？

4 **测试** (　　)能使滑板停止运动。

A 摩擦力　　B 引力

C 牛顿　　D 平衡力

5 **基本问题** 推和拉是如何影响物体运动的？

写作链接

没有摩擦力的一天

如果有一天你醒来发现摩擦力没有了，会发生什么？你会怎么做？你将怎样移动？写一篇题为“没有摩擦力的一天”的短文。

数学链接

拖船问题

两艘拖船正在移动一艘驳船。一艘拖船的拉力是7000 N，另一艘拖船施加了与之方向相同、大小相等的力。请问：驳船所受外力之和是多少？

滚动的车轮

几千年来，人们一直用车轮来移动东西。你可能认为车轮通过减小摩擦力来帮助我们移动物体。但你知道如果没有摩擦力，轮子就不能发挥作用吗？

你骑自行车时，轮胎包裹住了车轮的边缘。自行车踏板与后轮通过齿轮和链条连接在一起。当你踩踏板时，轮子就会转动。

如果轮胎和路面之间没有摩擦力，会发生什么？轮子虽然能转，但自行车不会运动。轮胎和地面互相挤压产生了摩擦力，摩擦力是自行车运动必需的力。

提示

优秀的解释性短文应该怎么写？

- 描述如何完成某项任务或某物如何发挥作用。
- 提供清晰易懂的细节。

写作

解释性短文 研究自行车刹车的工作原理，写一篇短文来解释摩擦力是如何帮助自行车停下来的。

摩擦力

自 19 世纪 80 年代以来，人们就开始使用雪橇了。最早的雪橇底部是打蜡的木制滑轨。后来，人们开始使用钢轨。钢比打蜡的木头更能减小摩擦力。

摩擦力的大小取决于接触面上的压力，它还取决于这些物体的材质。一辆双人自行车的摩擦力为 115 N，若把这个值四舍五入，保留到十位，则摩擦力大约是 120 N。

提示

- 四舍五入保留到十位，要看个位上的数字。
- 把个位上的数字与5比较，若小于5，则舍去；若大于等于5，则进一。

雪橇的摩擦力

滑轨类型	四人雪橇	混合双人雪橇	女子双人雪橇
钢	185 N	115 N	100 N
打蜡的木头	617 N	382 N	333 N
橡胶	2470 N	1529 N	1333 N

实践

创建一个新表，将上述数值四舍五入，保留到十位。

第3课

做功和能量

看一看，想一想

这个滑雪者看起来很开心！他在做功吗？他是怎么让滑板离开地面的？

探究活动

位置和力有什么关系?

做出预测

斜坡的坡度会影响玩具车行驶的距离吗?请你做出预测。

检验预测

1. 把三本书摞在一起。用胶带把纸板的一端粘在最上面一本书的边缘。把纸板的另一端粘在桌面上,让纸板和书形成一个斜坡。
2. 把玩具车放在纸板的顶部,然后释放玩具车,等待玩具车完全停止。
3. **测量** 用米尺测量从斜坡底部到玩具车尾部的距离。记录测量数据。
4. **使用变量** 在书堆上再摞一本书,重复步骤2和步骤3。然后在5本书、6本书的情况下重复测试。每次测试后,记录玩具车行驶的距离。

得出结论

5. **解释数据** 斜坡的高度如何影响玩具车行驶的距离?你的预测正确吗?
6. **推理** 关于位置和力,你能推断出什么?

进一步探究

如果你使用质量更大的玩具车,结果会改变吗?请做出预测并通过实验来检验!

材 料

- 6本书
- 硬纸板
- 胶带
- 玩具车
- 米尺

步骤 2

步骤 3

读一读，学一学

基本问题

能量和做功有什么关系？

词汇

做功

能量

势能

动能

阅读技能

总结

[ ] [ ] [ ] → 总结

什么是做功？

你坐着过山车冲上斜坡，过山车越爬越高，到达了斜坡的顶端。呼！它沿着另一边急速冲下。坐过山车很有趣，而且坐过山车的过程本身就是一个做功的过程。也就是说，做功可以很有趣！

力和距离

在科学层面上，做功有特殊的意义。使用力把物体移动一定的距离，这就是在**做功（work）**。

当过山车把车厢拉上斜坡时，它就是在做功；当引力牵引着过山车从另一边滑下时，它也是在做功；当你跑步或滑冰时，你在做功；当你把物体推动或拉动一定距离时，你也在做功。

左下图中的举重运动员正在用力使杠铃保持在她肩上。她在做功吗？令人惊讶的是，并没有。她所用的力与重力是一对平衡力，这一对平衡力使杠铃静止。当然，她将杠铃举起的这个过程做了功。

势能

运动需要能量，在科学层面上，**能量（energy）**就是做功的能力或使物体运动的能力。这意味着，要施加一个能够移动物体的力需要能量。

被储存起来的能量称为**势能（potential energy）**，它有做功的趋势或潜在能力。斜坡顶端的过山车具有势能。

真相 能量既不能被创造，也不能被消灭。

做功的力

1 过山车将车厢拉到斜坡的顶端，车厢获得了势能。

2 引力牵引着车厢从斜坡的另一边冲下，势能变成了动能。

3 刹车的摩擦力使车厢停了下来。

读　图

这幅图显示了哪些力和能量？

线索　注意图中与文字说明相关的数字。

动能

当一个物体运动时，它有运动的能量。这就是所谓的**动能（kinetic energy）**。过山车在驶上或冲下斜坡时都有动能。

一个运动的物体可以对与它接触的任何物体做功。当过山车行驶时，它也带动了车内的人。

势能能够轻易地转化为动能。你曾经拉过弓、射过箭吗？拉开的弓具有势能，它的工作原理很像弹簧。当你松开弦时，势能变成了箭的动能，箭飞射而出。

快速检测

总结　请总结一下什么是势能，什么是动能。

批判性思维　一个学生坐在书桌前学习，他在做功吗？

能量有哪些形式?

你使用过哪些形式的能量?

化学能

你的身体用来走路和提起东西的能量是化学能。化学能储存在构成食物的颗粒中。当你吃食物时,化学能就会传递到你的身体里。

电能

电能来自带电粒子的运动。有些电能来自电池,然而更多的电能来自发电厂。电能通过电线和电缆输送到家庭和企业。

光能

太阳是地球上光能的主要来源。植物利用光能进行光合作用。当植物进行光合作用时,它们把光能转化为化学能。人们可以用太阳能电池收集光能,这些电池把光能转化成电能。

一些科学家使用激光的光能。激光是一种可以穿透某些材料的光。

机械能

机械能是动能和势能的总和。在高处运动的物体有机械能,而在高处静止的物体只有势能。

化学能

电能

光能

热能

火炉、取暖器和火柴都有热能，它们可以释放热量。热能依赖于物质中微小粒子的运动。这些粒子运动得越快，物质就会变得越热。物质越热，它具有的热能就越多。

核能

核能来自原子核。当原子核分裂或合并时，就会释放出大量的核能。

快速检测

总结 说出能量的不同形式，并分别举例说明。

批判性思维 所有这些形式的能量有什么共同之处？

迷你实验

摆的能量

1. 把一个垫圈系在绳子的末端。用一本书把绳子固定在书桌上。把垫圈向后拉，在水平方向拉直绳子，然后松手。
2. **观察** 你释放垫圈后，它是怎样运动的？
3. 垫圈的动能什么时候最大？它的势能什么时候最大？
4. **推理** 摆在运动的过程中涉及哪些形式的能量？

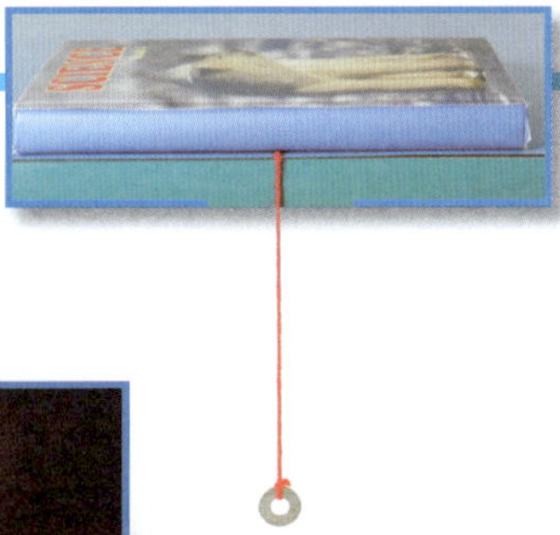

机械能

热能

核能

能量的转化

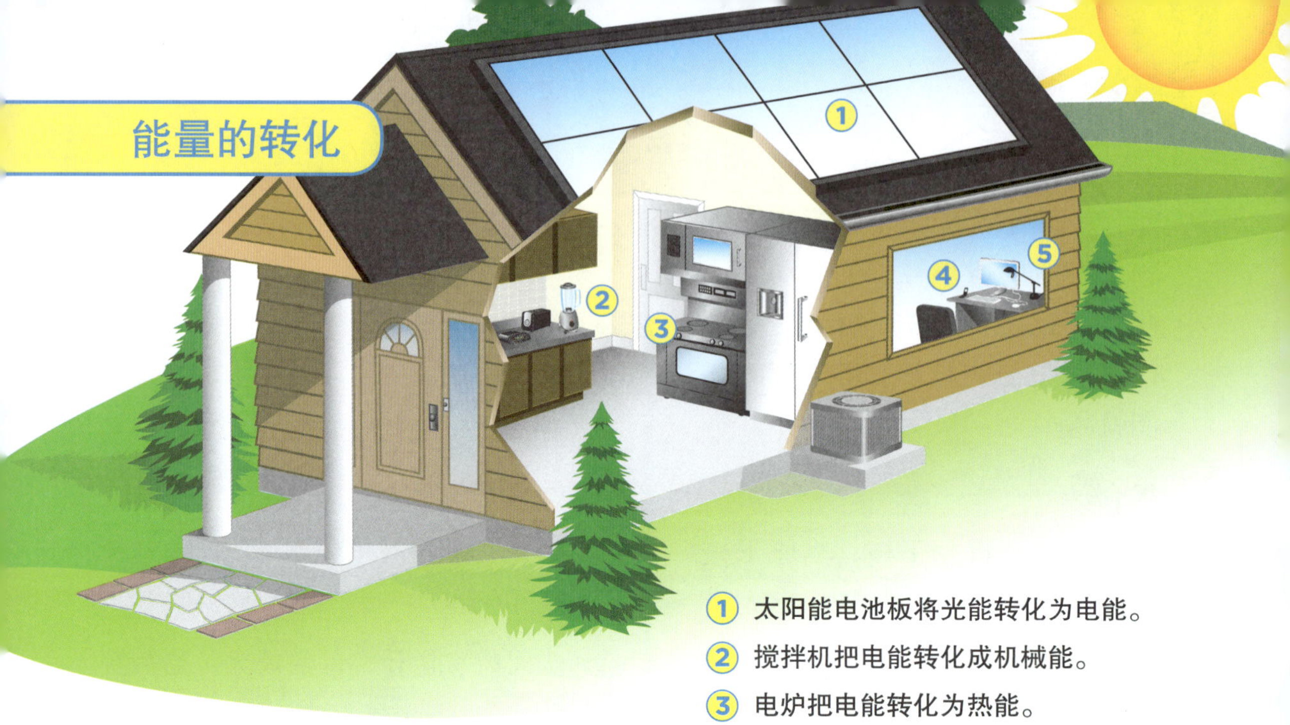

① 太阳能电池板将光能转化为电能。
② 搅拌机把电能转化成机械能。
③ 电炉把电能转化为热能。
④ 当电池充电时，电能转化为化学能。
⑤ 电灯把电能转化为光能。

能量是如何转化的?

能量并不总是保持一种形式，也不总是停留在一个地方。

能量的转化

当能量从一种形式转变成另一种形式时，它就被**转化**了。灯泡把电能转化成光能和热能。搅拌机把电能转化成机械能。

能量的传递

当能量从一个物体传到另一个物体时，它就被**传递**了。一个弹珠的动能在它与另一个弹珠碰撞时，传递到了另一个弹珠上。第一个弹珠减速或静止，第二个弹珠获得动能并移动。

读 图

家庭中的能量是如何转化的?

线索 观察图表中的数字，然后阅读文字说明。

快速检测

总结 能量有哪些形式?

批判性思维 当你搓手的时候，能量是如何转化的?

课后回顾

摘要

能量就是做功的能力，机械能可以分为势能和动能。

能量的形式有机械能、化学能、电能、光能、热能、核能等。

能量可以从一种形式转化成另一种形式，也可以从一个物体传递给另一个物体。

制作 **折叠式学习卡**

制作折叠式学习卡，来总结本课关于功和能量的内容。

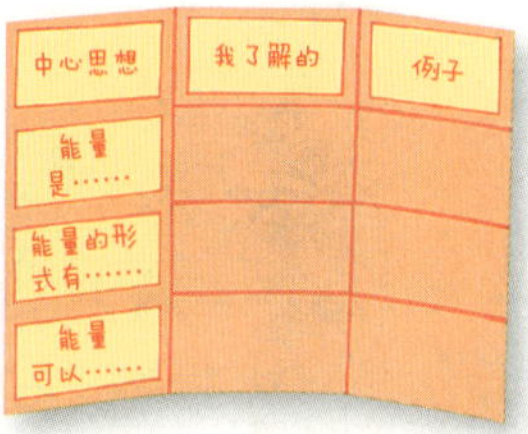

想一想，说一说，写一写

1. **词汇** 坐在滑梯顶端的孩子有____能。
2. **总结** 列出文中定义的做功实例，它们有什么共同之处？

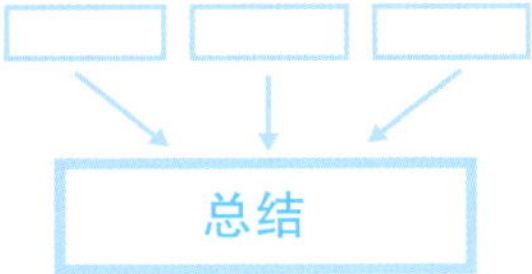

3. **批判性思维** 说出你日常能观察到的能量转化的五种方式。
4. **测试** (　　)是动能的例子。
   A 一辆停着的车
   B 悬崖顶上的一块岩石
   C 一列沿着轨道行驶的火车
   D 手电筒电池
5. **基本问题** 能量和做功有什么关系？

写作链接

解释性短文

你身边有许多势能和动能的例子，写一篇短文来说明它们之间的区别。

社会链接

你周围的能源

在学校或你家附近走一走，观察不同形式的能量是如何被利用的，并和同学分享你的观察。

混合动力汽车

在洛杉矶和芝加哥等城市，每天有数百万人选择开车出行。大多数汽车使用的燃料是汽油。汽油是由石油制成的，世界上的石油供应是有限的。汽车使我们对石油很依赖。此外，汽车燃烧的汽油越多，空气受到的污染就越严重。汽车造成的污染还会形成雾霾。

我们怎样才能减少汽油的使用，减少空气污染呢？一种方法是制造耗油量更少的汽车。许多汽车公司现在已经开始生产混合动力汽车。混合动力汽车使用两种不同的能源——汽油燃料和电能。

在传统汽车中，汽油发动机一直在运转。然而，当汽车在红灯前停下，在车流中逐渐减速时，它不需要汽油发动机的动力。在这些时候，用来维持发动机运转的燃料就浪费了。

燃烧化石燃料会产生雾霾。

▲ 混合动力汽车有助于减少空气污染。

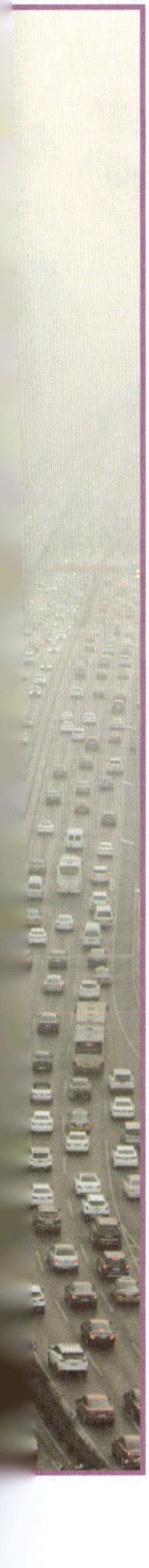

混合动力汽车是为了使用比传统汽车更少的燃料而设计出来的。它整合了燃油发动机和由电池供电的电动机的功能。当汽车停止、减速或低速行驶时，燃油发动机就会关闭，由电池来保持车中的灯、空调和收音机的运转。当汽车减速至停下时，驱动行驶的电池会重新被充电。汽车把自身的动能转化为电能。

混合动力汽车的汽油发动机更小、更节能，但它们仍然能提供足够的动力供汽车在高速公路上行驶。这使我们减少了对汽油的依赖，也减少了汽油带来的污染！

提示

总结应该怎样写？

- 陈述主要观点；
- 囊括最重要的细节；
- 用你自己的话。

写作

总结 再读一遍这篇文章，说明混合动力汽车是如何工作以及如何保护环境的。

第4课
简单机械

看一看，想一想

划船可能是一件十分费力的事，要让船行驶起来需要用一些力。怎样减小做功所需的力？

探究活动

滑轮怎样能够省力?

做出预测

滑轮是一种能使做功更轻松的机械。观察图示的这两个滑轮，哪一种滑轮能更容易地提起一本书?请你做出预测。

检验预测

1. 把滑轮系在一个固定的物体上。将绳子的一端捆绑在书上，将书放置于桌面上。将绳子的另一端穿过滑轮的槽，然后挂上弹簧测力计，如图所示。
2. **测量** 把弹簧测力计往下拉，直到书被从桌面上提起。测量并记录力的大小。
3. 从滑轮上取下绳子。把第二根绳子系在一个固定的物体上，并将绳子的自由端绕过滑轮槽底。把弹簧测力计挂在绳子上，然后将书绑在滑轮上。
4. **观察** 将滑轮向上拉，会发生什么?测量并记录力的大小。

得出结论

5. **解释数据** 哪一种滑轮能更轻松地把书提起来?你的结果和你的预测相符吗?
6. **推理** 为什么使用两种滑轮时力的大小会改变?

材　料

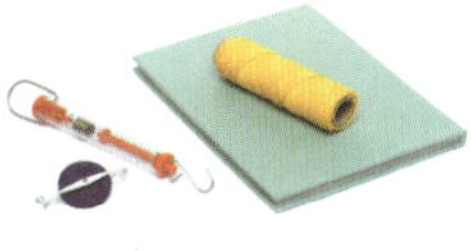

- 滑轮
- 2根不同长度的绳子
- 书
- 弹簧测力计

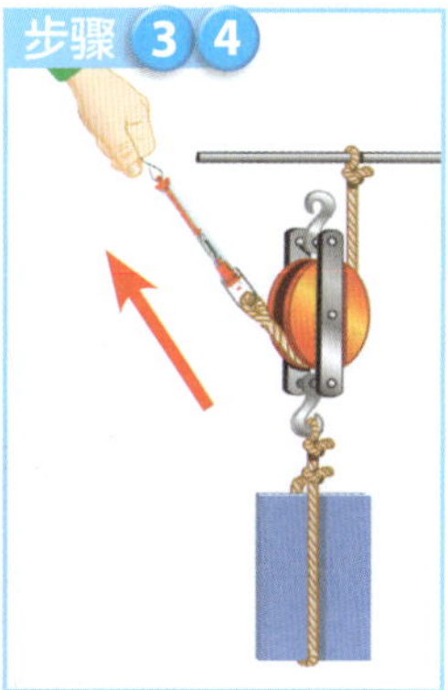

进一步探究

这次不用测力，而是用尺子测量距离。重复这两种滑轮设置，你需要把绳子拉多远才能把书提起10厘米?两种情况下，你分别观察到了什么?

读一读，学一学

基本问题
简单机械如何使做功更容易？

词汇
简单机械
杠杆
斜面
复杂机械

阅读技能
比对和对比

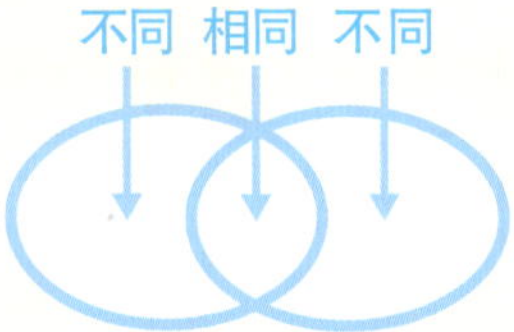

什么是简单机械？

说出人们常用的一些机器，你可能会想到洗衣机、推土机、电锯等。机器使用力来做功。

凡是能改变力的大小和方向的装置，统称为机械。机械种类繁多，而且复杂。仅由几个部件组成而能使做功更容易的物体叫作**简单机械（simple machine）**。滑轮、杠杆和楔子都是简单机械，轮轴、螺丝和斜面也是简单机械。

杠杆

你曾经用螺丝刀开过油漆罐吗？如果有的话，你就使用了杠杆。一个**杠杆（lever）**必须有一个叫作支点的固定点。**支点**支撑杆，使之可以转动。负载是杠杆要移动的对象，它对杠杆的作用力称为阻力。人对杠杆的作用力称为动力。

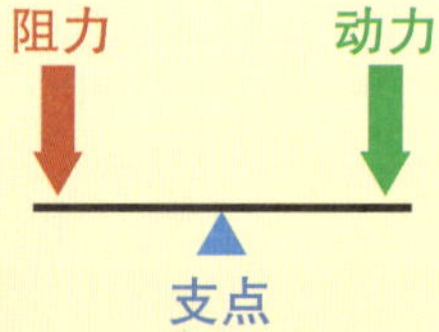

第一类杠杆的支点在阻力作用点和动力作用点之间。

第二类杠杆的支点在一端，阻力作用点在动力作用点和支点中间。

动力和阻力

要用杠杆做功，你需要对杠杆施加力。

杠杆并不能使你的力气变大，但是能省力，使做功变得更轻松。

支点的位置决定杠杆做功的方式。当阻力作用点更接近支点时，转动杠杆所需的作用力更小；而当阻力作用点远离支点时，需要更大的作用力才能转动它。省力情况下，阻力作用点移动的距离小于动力作用点移动的距离。

第三类杠杆的支点在一端，而动力作用点在阻力作用点和支点中间。

迷你实验

比较杠杆

1. 做一根能改变力的方向的杠杆。把一根直尺的一端垫在书本下方，拿一支铅笔放在直尺下面，使铅笔的位置接近书本。按下尺子的另一端，发生了什么？
2. 现在做一个不改变力的方向的杠杆。把铅笔拿开，把书居中放在尺子上。抬起尺子的一端，此时发生了什么？
3. **解释数据**　步骤1和步骤2中杠杆的支点和作用力分别在哪里？
4. **推理**　你在步骤1和步骤2中做的分别是哪种杠杆？你的判断依据是什么？

快速检测

比对和对比　这三种杠杆有什么相似之处？它们有何不同？

批判性思维　网球拍如何使做功更容易？

有哪两种带轮子的简单机械？

轮轴、滑轮都是带轮子的简单机械。

轮轴

轮轴是一个固定在中心轴上的轮子。当轴转动时，轮也跟着转动。同样的，轮的转动也会带动轴的转动。

水龙头是一个轮轴。水龙头的把手是轮，你只需要用很小的力将把手轻轻一拧就能放出水，因为轴可以把它变成更大的力，这个力可以打开阀门。

摩天轮也是一个轮轴。力作用在轴上，当轴转一圈时，轮上的轿厢也跟着转一圈。当轴转动时，轮比轴运动得更快，运动的幅度也更大。

定滑轮

滑轮是一种简单机械，由带槽的轮子和绳索组成。连接在固定物体上的滑轮是**定滑轮**。绳子绕过滑轮，一端连接着物体。把绳子的另一端往一个方向拉，就能使物体向另一个方向移动。定滑轮不改变力的大小，仅仅改变了力的方向。

▼ 在水龙头把手上施加一个小的作用力，就可以打开阀门。

▼ 摩天轮的轴转动一小段距离，它的轿厢移动了更大的距离。

滑轮的种类

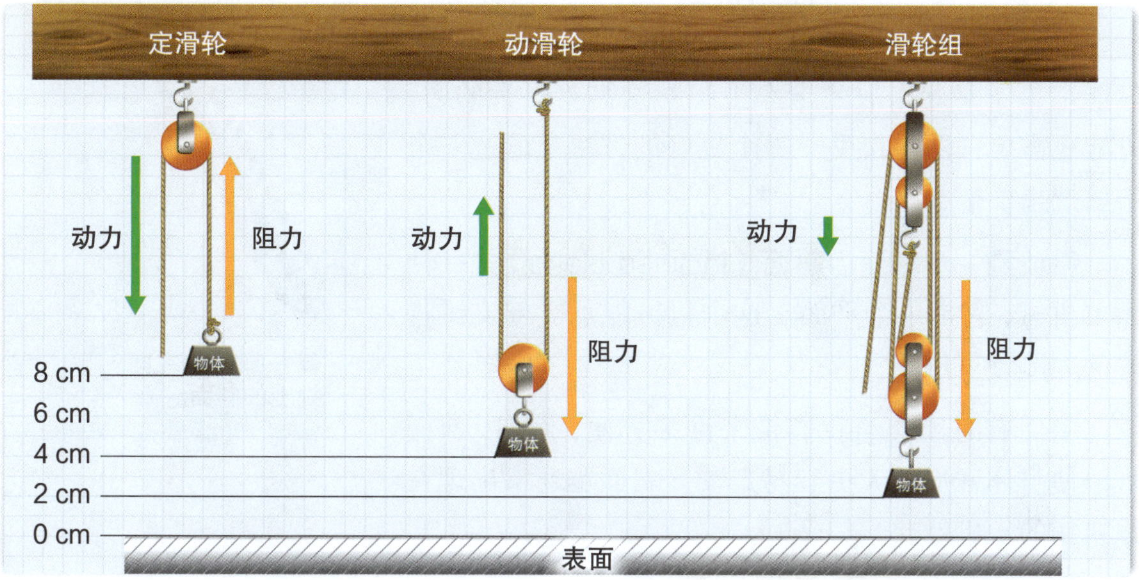

读图

比较三种类型滑轮的动力和作用位移。

线索 箭头表明了什么？

动滑轮

连接在物体上的滑轮叫作**动滑轮**。与定滑轮不同，动滑轮不改变力的方向，但它能够改变做功所需力的大小。每一个动滑轮可以省一半力。例如，一个动滑轮只需要 5 N 的力就可以抬起 10 N 的物体。

虽然一个动滑轮可以省一半力，但它的作用距离也要增加 1 倍。举个例子，要将一个物体举起 2 米，那么必须把绳子拉出 4 米。

通常，动滑轮和定滑轮会组成滑轮组一起做功。连接在物体上的动滑轮越多，越省力。

快速检测

比对和对比 轮轴和滑轮有什么不同？

批判性思维 拧紧螺栓的扳手是轮轴。哪个部分是轮？哪个部分是轴？

什么是斜面?

螺杆是盘绕在圆柱上的斜面。

假设你正在把一张很重的桌子搬到一辆卡车上。你能把桌子举起来放到卡车上吗？这需要很大的力，可能还需要一两个帮手。一个更好的方法是通过一个斜坡把桌子推上车。

斜坡是一个斜面。**斜面（inclined plane）**是一种简单机械，它是一个平面。这个机械能承受或支撑物体的大部分重量。

斜面有时候会给我们带来许多方便，例如，斜面可以使身体残疾的人更容易走动。斜面也通常出现在建筑物的入口处。

有了斜面，你只需要用一个很小的力，但你不得不将物体移出更远的距离。看下面这张照片：缆绳必须拉着汽车使其通过整个斜坡，斜坡的长度超过了把汽车竖直抬起所需要的距离。

斜面是一个平坦、倾斜的平面。▼

三种简单机械

读 图

从上面的照片中选择一个简单机械，说明它是如何使做功变得更容易的。

线索 确定作用力。

楔子和螺丝

如果把两个斜面组合在一起，会得到什么？你得到了一个称为**楔子**的简单机械。楔子把向下或向前的力变成侧向力。

螺丝是一个被扭曲成螺旋状的斜面。

像所有的斜面一样，楔子和螺丝通过增大作用距离而省力。通常，我们在不需要移动太长距离的情况下才会用到它们，比如，我们用刀切食物，用钻头在木头和金属上钻孔。

快速检测

比对和对比 刀和螺丝有什么相似之处？又有什么不同之处？

批判性思维 上缓坡和上陡坡相比，哪个更省力？为什么？

简单机械如何协同工作？

由两种或两种以上的简单机械组成一台**复杂机械（compound machine）**。大多数机器是复杂机械。例如，剪刀由两个楔子和一个一类杠杆组成。

自行车结合了许多简单机械：车把是轮轴，刹车是杠杆，齿轮和链条是驱动后轮轴的一部分，螺丝把各种零件固定在适当的位置。

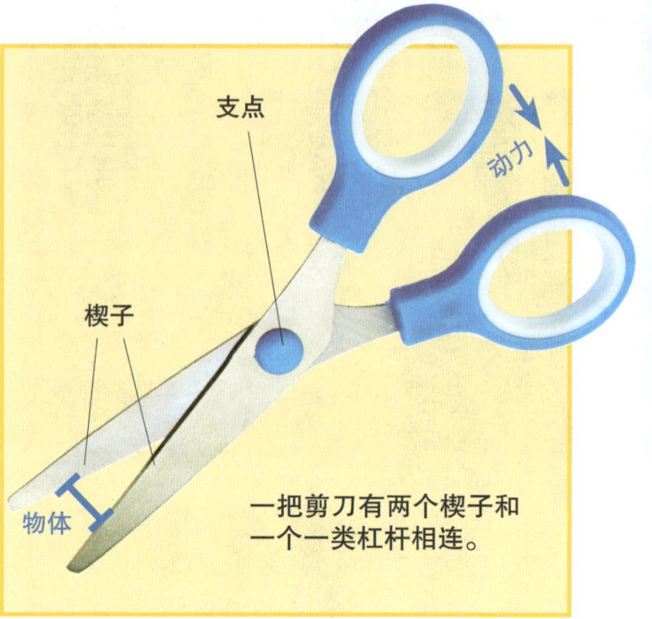

一把剪刀有两个楔子和一个一类杠杆相连。

机械效率

想象你在努力拧一个生锈的旧门把手，和一个新门把手相比，它更难拧动。铁锈增大了门把手活动部件的摩擦力，你必须做更多的功来拧动它。

机械效率是指一台机器所做的有用功与总功的比。摩擦力降低了所有机器的效率。

快速检测

比对和对比 复杂机械和简单机械有什么不同？

批判性思维 自行车的前轮和后轮，哪个是轮轴？请简要说明。

自行车是一种复杂机械。▶

课后回顾

摘要

简单机械包括杠杆、轮轴、滑轮、斜面等。

杠杆和斜面改变了移动物体所需作用力的大小或方向。

复杂机械由两种或两种以上的简单机械组成。

制作 **折叠式学习卡**

制作折叠式学习卡，来总结本课关于简单机械的内容。

想一想，说一说，写一写

1 **词汇** 一根能绕着固定点旋转的杆的简单机械叫作________。

2 **比对和对比** 你可以用杠杆、滑轮或斜面来提起物体。这些机械有什么相似之处？它们又有何不同？

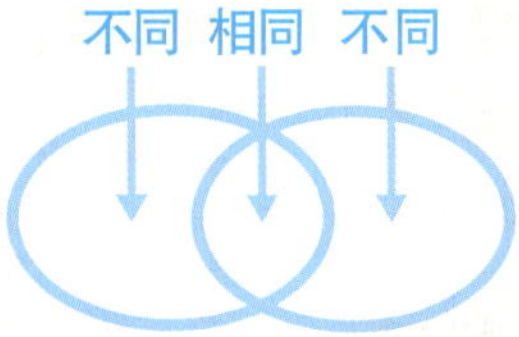

3 **批判性思维** 大多数简单机械比复杂机械的机械效率更高。为什么？

4 **测试** 下列属于复杂机械的是(　　)。

A 剪刀　　B 杠杆

C 滑轮　　D 楔子

5 **基本问题** 简单机械如何使做功更容易？

写作链接

写一则广告

选择一种简单机械，写一则广告来说服别人购买它。说一说这一机械如何使生活更轻松？请列出它的所有优点。

数学链接

斜面问题

有一个通向某建筑物的斜面，斜面长255厘米，建筑物距离地面的高度是160厘米。把一个物体沿斜面推到建筑物上面与把它竖直抬到建筑物上面相比，多出多少距离？

材　料

书

胶带

短纸板

线团

木质立方体

弹簧测力计

长纸板

结构化探究

研究斜面

做出假设

斜坡使做功更轻松。斜坡的长度会影响移动物体所需的力吗？将你的回答写成这样的形式：“如果斜坡的长度增加，那么所需要的力就会……”

验证假设

1. 将两本书摞在一起，把短纸板的一边靠在书摞顶部，用胶带粘住，形成一个斜坡。

2. 把绳子的一端系在一个木质立方体上，另一端固定在弹簧测力计上，把弹簧测力计举在空中，测出立方体的重量，记录下来。

3. **测量**　把立方体放在斜坡的底部，慢慢拉动弹簧测力计使立方体爬上斜坡。当你拉的时候，尽量使力保持稳定。记录你使用的力的大小。

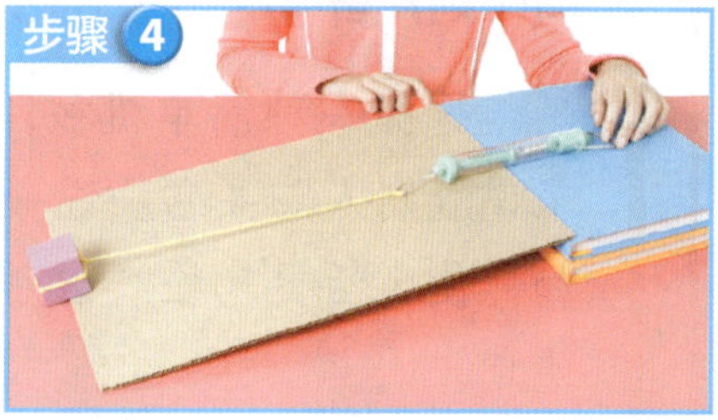

4. 把短纸板斜坡拆下来。用胶带把长纸板固定在同一位置。重复步骤 3。

得出结论

5 **解释数据** 步骤 3 中拉动立方体需要多大的力？步骤 4 呢？请简单描述力的变化。

6 **交流** 你的结果支持你的假设吗？为什么？

7 **推理** 如果使用一个更长的斜坡，力会如何变化？

指导性探究

杠杆的长度会改变作用力吗？

做出假设

杠杆和斜坡的工作原理一样吗？杠杆的长度是否会改变移动物体所需的力？请你做出假设。

验证假设

设计一个实验来检验杠杆的长度是否会改变作用力的大小。写出实验材料和实验步骤，并记录实验结果。

得出结论

你的结果支持你的假设吗？在实验中，你所施加的作用力有何变化？与同学讨论你的结论。

开放性探究

关于简单机械，你还想了解什么？例如，轮轴如何减小移动物体所需的力？设计一个实验来解答你的问题。

请记住要遵循科学过程。

提出问题
↓
做出假设
↓
验证假设
↓
得出结论

第1章 复习和测试

摘要

第 1 课　当一个物体的位置改变时，就说它发生了运动。许多力都可以让物体运动。

第 2 课　不平衡力改变物体运动的速度。

第 3 课　当一个力被用来把一个物体移动一定距离时，就是在做功。能量是做功的能力。

第 4 课　简单机械使做功更轻松，常见的简单机械有六种。

制作 折叠式学习卡

如下图所示，把本章每一课的折叠式学习卡组合在一起，来复习本章内容。

词汇

DOK 1

选择下列词语填空，每个词语限用一次。

平衡力	速率
斜面	不平衡力
动能	速度
杠杆	做功
势能	

1. 一个物体的速率和运动方向构成了物体的________。
2. 作用于同一物体上，大小相等、方向相反且作用在一个物体上的两个力是________。
3. 物体存储的能量称为________。
4. 距离随时间的变化量称为________。
5. 斜坡是________的一个例子。
6. 当物体移动时，势能转化为________。
7. 作用于同一物体上，大小不相等或方向不相反的两个力是________。
8. 用力将一个物体移动一定距离称为________。
9. 以支点为轴心旋转的杆或板是________。

科学技能和科学概念

DOK 2~3

回答下列问题。

10. **总结** 说出6种简单机械的名称，并分别举一个例子。

11. **运用数字** 亚历克斯搭乘的火车每小时行驶48千米。路易莎搭乘的火车30分钟行驶了72千米。一个小时后，路易莎比亚历克斯多行驶了多少距离？

12. **批判性思维** 两支实力相当的队伍正在进行拔河比赛，每个队对绳子的拉力相等。它们是一对平衡力吗？请简要说明。

13. **解释性写作** 写一篇短文，描述宇航员是如何在太空和月球上体验引力的。

14. **批判性思维** 划艇上的桨是哪一类杠杆？解释你的答案。

15. **推理** 一支足球队在有些潮湿的场地上训练，请问球滚得比平时快还是慢？解释你的答案。

16. **判断正误** *当汽车减速时，它也具有加速度。*这个说法对吗？为什么？

17. **判断正误** *把沉重的物体抬到适当的位置是一项艰苦的任务。*这个说法对吗？为什么？

18. 食物中含有的能量是（　　）。

A 电能　　B 热能

C 动能　　D 化学能

大概念

19. 为什么物体会运动？

表现性评价

DOK 3

势能

1. 用一张纸板和几本书搭成一个斜坡，在斜坡中央做个记号，然后在斜坡底部放一块海绵。

2. 将一辆玩具车从斜坡中间标记的位置释放，使之滑向海绵。测量海绵移动的距离。然后使车从斜坡顶上滑下，再次测量海绵的运动距离。接着，把三枚硬币粘在玩具车的顶部，重复上述步骤。将玩具车的运动距离记录在一张表格上。

分析结果

上述哪一种方式使海绵移动的距离最大？海绵的运动如何体现玩具车的势能？什么因素影响了汽车的势能？解释你的答案。

测 试

1 看下面的图片。

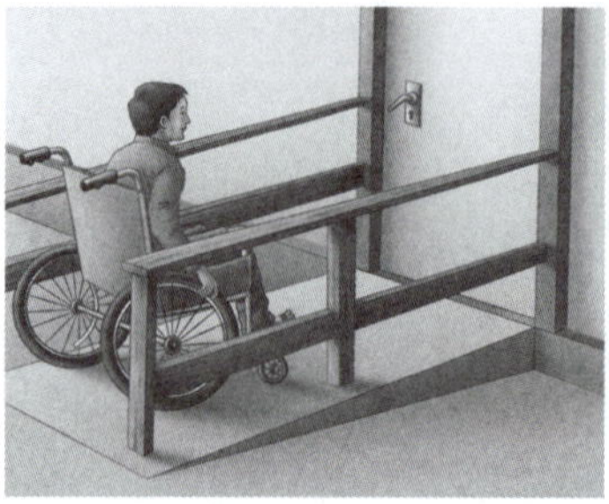

可以帮助上图这个人到达门口的简单机械是（　　）。

DOK 2

A 滑轮　　B 杠杆

C 楔子　　D 斜面

2 在下面的图片中，苹果和砝码的质量相等。

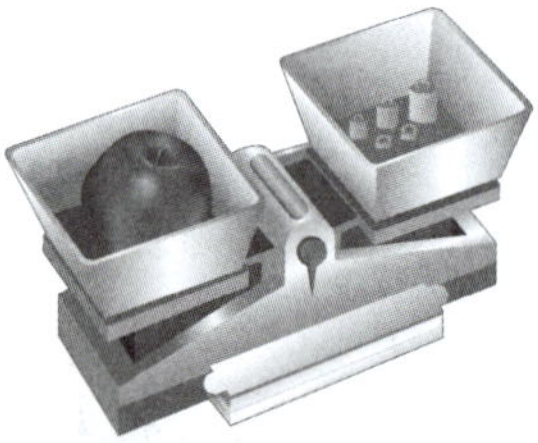

则两边的力是（　　）。

DOK 2

A 平衡力

B 不平衡力

C 惯性和摩擦力

D 摩擦力和引力

3 看下面的图片。

通过踢球造成球的速度变化称为（　　）。

DOK 1

A 引力　　C 摩擦力

B 惯性　　D 加速度

4 一名同学把棒球扔向空场地，（　　）最有可能影响球的运动。

DOK 2

A 平衡力和不平衡力

B 磁力和引力

C 引力和摩擦力

D 摩擦力和磁力

5 下列说法正确的是（　　）。

DOK 1

A 速度较快的物体在一定时间内移动得更远

B 速率是物体位置的变化

C 运动是物体在一定时间内运动的距离

D 速度和速率是相等的

6 迈克和蒂托各有一辆不同类型的自行车。他们想知道哪辆自行车更快。

下列实验最有可能解答他们问题的是（　　）。

DOK 2

A 迈克选一辆自行车，蒂托选另一辆，然后进行比赛。获胜者的自行车更快。

B 迈克和蒂托在同一道路上轮流骑两辆自行车，记录他们骑每辆自行车时的速率。

C 迈克在自己家附近骑自行车，蒂托在自己家附近骑另一辆自行车。然后两人交换记录。

D 迈克绕圈骑这两辆自行车，蒂托沿直线骑这两辆自行车。然后两人交换记录。

7 滑梯使用光滑的表面减小（　　）。

DOK 1

A 摩擦力　　B 速率

C 运动　　D 重量

8 下图展示了一个做功示例。

给做功下定义，并举出你自己的做功实例。

DOK 2

9 你如何知道一个物体是否移动了？

DOK 1

10 当你打开手电筒时，发生了怎样的能量转换？

DOK 2

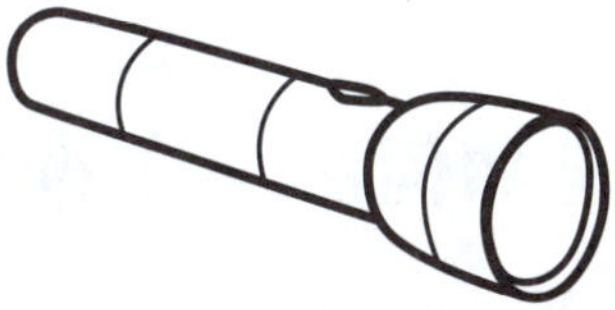

检　查

问题	对应页码	问题	对应页码
1	54~59	6	25
2	34~35	7	27，38
3	36~38	8	44
4	26~28，38	9	24
5	24~25	10	46~48

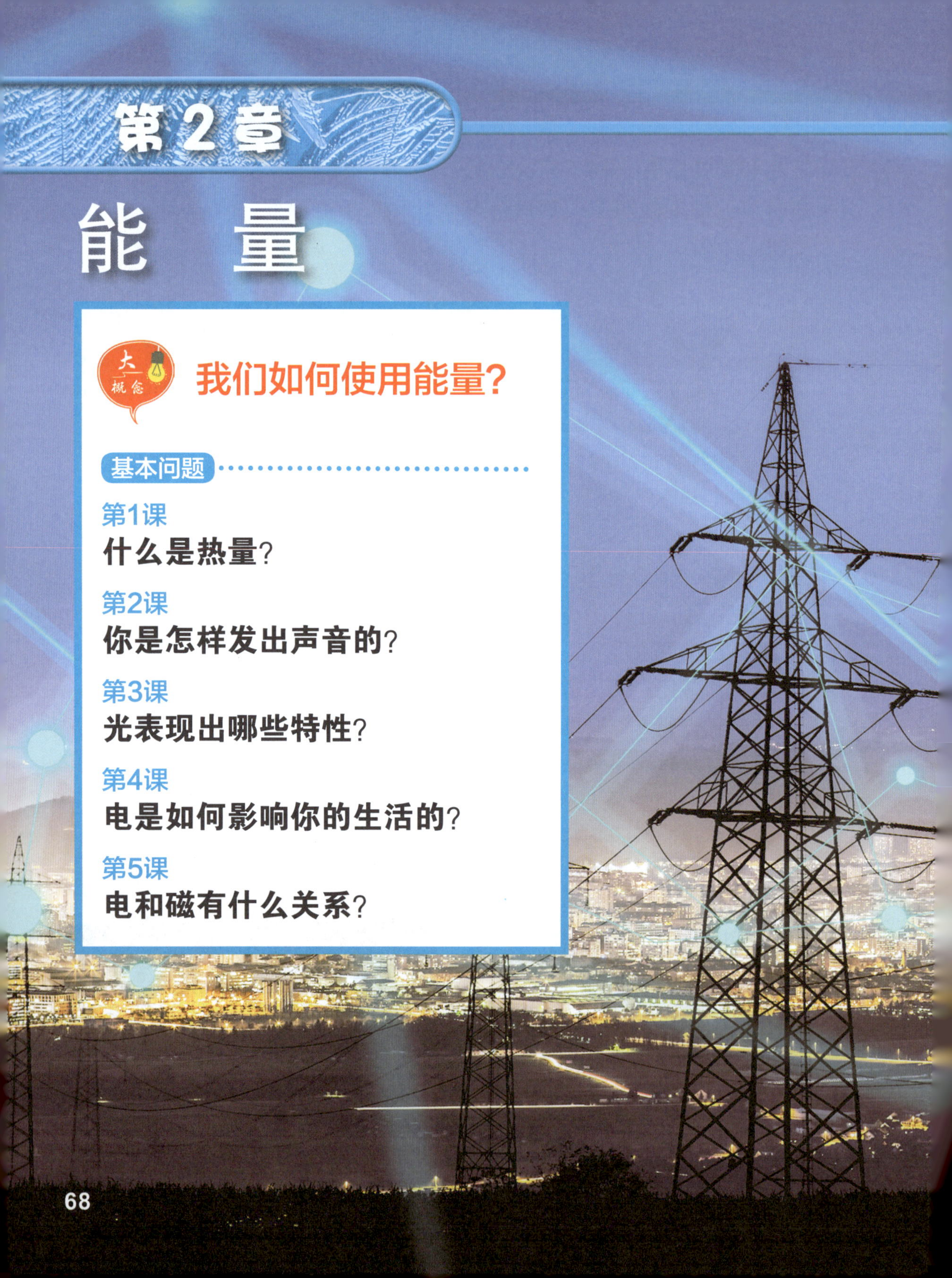

第2章

能 量

大概念

我们如何使用能量？

基本问题

第1课

什么是热量？

第2课

你是怎样发出声音的？

第3课

光表现出哪些特性？

第4课

电是如何影响你的生活的？

第5课

电和磁有什么关系？

核心词汇

热量　从热的物体向冷的物体传递的能量。

回声　声波从一个物体表面反射回来，形成回声。

音调　声音的高低。

反射　光波或声波传播到介质表面后又返回原介质的现象。

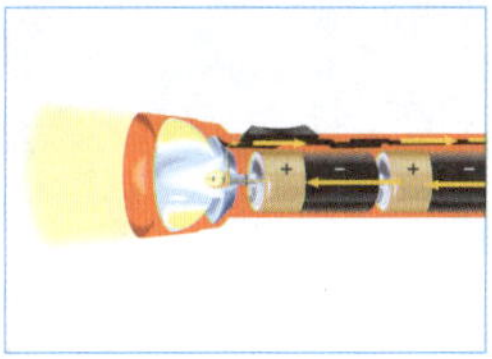

电路　电流流动的路径。

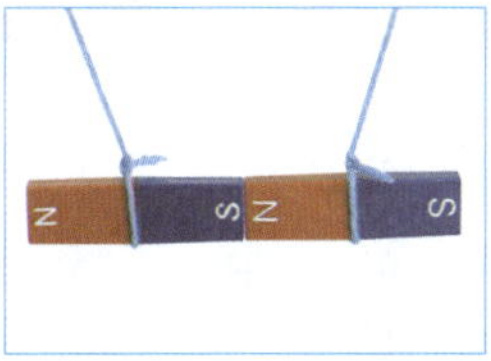

磁极　磁体两端磁力最强的地方。

第1课

热　量

看一看，想一想

蜥蜴可以晒太阳而使自己变得暖和，但生活在寒冷地带的动物并没有机会这样做。那么，生活在寒冷地带的动物用什么来保暖呢？

探究活动

是什么让哺乳动物在热量稀少的地方保持温暖的？

活动目的

探索某些哺乳动物（如鲸鱼和海豹）如何在冰冷的水中保持温暖。

活动步骤

1. 戴上乳胶手套，将手放在冰水中，让你的同伴记录你能够忍受的时间。记录数据。△小心！手一感到冷，就赶紧拿出来！
2. **建立模型** 擦干你的手并让它暖和起来。将戴着手套的手在植物起酥油中涂抹，使手套上沾上厚厚一层油。
3. 将手放在冰水中，这次你的手能在冰水里放多久？用秒表计时，记录结果。
4. **运用数字** 交换角色，让你的同伴重复这一步骤。计算两次结果的平均值。

得出结论

5. **解释数据** 在步骤 1 中，你们的手平均能在冰水中保持多长时间？步骤 3 中又能保持多久？
6. **推理** 若植物起酥油代表脂肪，额外的一层脂肪是如何帮助你在寒冷的气候中生存的？

进一步探究

还有什么物质或材料可以帮助哺乳动物保暖？列出你所了解的东西，然后再调查一些你不知道的。向全班同学汇报你的发现。

材 料

- 乳胶手套
- 一桶冰水
- 秒表
- 纸巾
- 植物起酥油

读一读，学一学

基本问题
什么是热量?

词汇
热量
传导
对流
辐射
绝热体
导热体

阅读技能
因果关系

原因	→	结果
	→	
	→	
	→	
	→	

什么是热量?

动物保暖需要能量。无论是来自太阳的热量还是来自你身体的热量，都可以让你保持温暖。**热能**是物质内部运动粒子的能量总和，粒子运动越快，热能就越多。

热量（heat）是指从热的物体向冷的物体传递的能量。热的物体在传递热量的过程中被冷却。

热传递

当你使用烤面包机时，会发生什么？你不仅加热了面包，还加热了面包周围的空气。摸一摸温暖的烤面包片，热能就会转移到你的手上。

烤面包机的热粒子移动得很快。速度较大的粒子在传递热能的过程中速度变小，速度较小的粒子逐渐加速。随着时间的推移，所有粒子的平均速度相同。

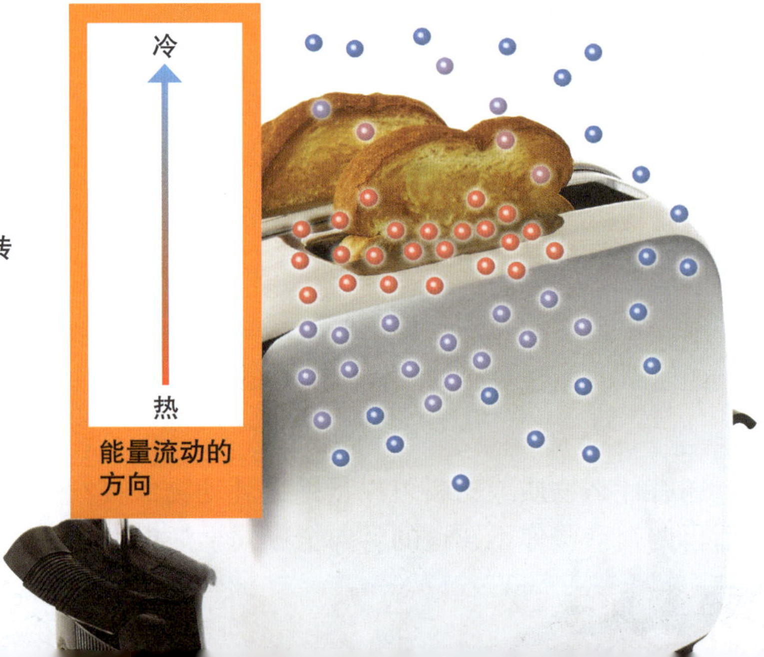

热量从温暖的烤面包机转移到周围较冷的空气中。

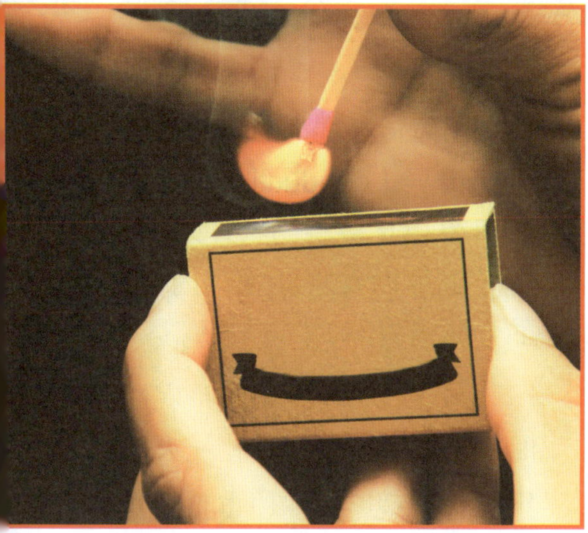

火柴头和盒子的摩擦产生了热量。

温度的改变

热量的来源包括燃烧木材和化石燃料等。加热可以改变物体的温度，**温度**衡量出物质中粒子的热能。

我们用**温度计**来测量温度。大多数温度计的内部是液体，如酒精。当温度计变热时，液体颗粒移动得更快，粒子空隙更大。这种运动使液体在温度计内膨胀，液面上升。

你发过烧吗？我们通常用摄氏温标（℃）来测量体温。

本页上的温度计显示华氏温标和摄氏温标。水在 32 ℉结冰，这和 0℃是指同一温度。

测量温度

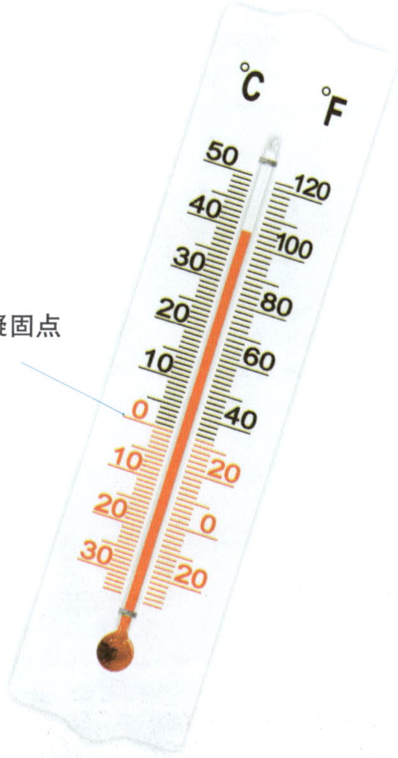

读图

图中所示的华氏温度是多少？摄氏温度呢？

线索　找到红线顶部两边对应的标记。

快速检测

因果关系　把冰块放在一杯常温的果汁里，会发生什么现象？

批判性思维　热量和温度有什么关系？

热量是如何传递的?

你已经了解了热传递时会发生的状况。那么热传递是如何发生的?

热量传递

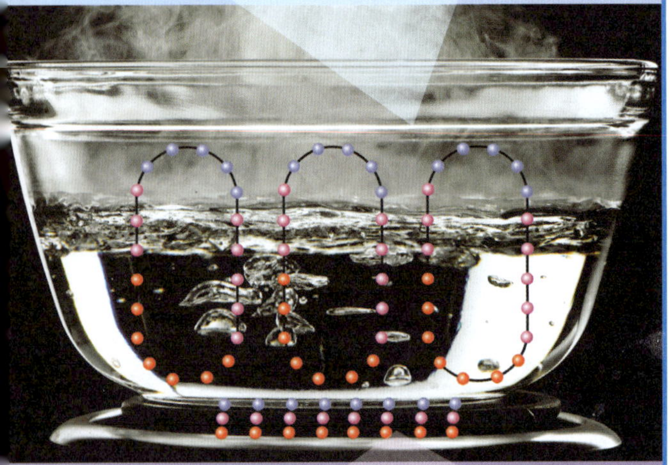

读 图

描述热量在水里是如何流动的。

线索 红色的圆圈是速度较大的粒子，蓝色的圆圈是速度较小的粒子。

传导

固体传热主要通过传导进行。**传导(conduction)**发生在两个相互接触的物体之间。传导也可以发生在物体内部，如金属锅内部。

当你在炉子上加热平底锅时，会发生什么？炉膛或火焰中快速移动的颗粒撞击到平底锅较冷的颗粒上，碰撞使较冷物体的粒子获得了更多的热能。平底锅的颗粒开始更快地移动。很快，整个锅都变热了。

对流

另一种热传递的方式是对流。**对流(convection)**发生在液体或气体中。

如果你想烧水，你可以把水放在锅里加热。当锅变热时，它把能量传递给水。锅底的水分子先受热，它们移动得更快，空隙变大，上升。周围较冷的水分子下沉，最后整个锅中的水温一致，水就沸腾了。

真相 **热量和温度不一样。**

太阳的能量通过辐射传递。

辐射

第三种热传递方式是辐射。**辐射（radiation）**不需要物质来传递热量。它可以穿越太空。没有辐射，太阳的能量就不会到达地球。热的物体通过辐射把热能转移到空气中。

绝热体和导热体

在冬天，你可能会穿一件羊毛夹克来保暖。羊毛是绝热体。**绝热体（insulator）**不能很好地传热。脂肪是哺乳动物体内的绝热体，它有助于防止身体的热量散失到冷空气中。

与绝热体刚好相反，**导热体（conductor）**很容易传热，金属就是很好的导热体（热的良导体）。因此，许多炊具是用金属做成的。

快速检测

因果关系 在室温下，金属摸起来感觉比木头凉爽。为什么？

批判性思维 辐射与传导、对流有什么不同？

迷你实验

温度和空气

1. **预测** 将一个瘪的气球套在一个空塑料瓶的瓶口。如果你把瓶子放在热水里，会发生什么？放在冷水里呢？
2. **观察** 把瓶子放在一桶热水中，等待五分钟。气球会发生什么变化？
3. 现在把瓶子放在一桶冰水里。会发生什么？
4. 你认为是什么导致气球膨胀起来再瘪下去的？

羊毛手套是很好的绝热体。

铜壶是热的良导体。▼

热量如何改变物质?

构成物质的粒子总是在运动。通过增加或减少这些粒子的能量，就可以改变物质。

物理变化

如果增加了热能，物质粒子运动得更快、间隔更远，物质膨胀并占据更多的空间。如果降低了热能，那么情况相反。冷却时，大多数物质会收缩，它们的粒子间距更近。

化学变化

热能使某些物质燃烧，燃烧是一种化学变化。当燃料燃烧时，储存在其中的能量就会释放出来。

状态的变化

如果有足够的热量，物质可以改变状态。下图的焊工正在用火枪加热金属。火焰热得足以熔化金属。如果增加更多的能量，液态金属会变成气体。

快速检测

因果关系 热是如何使物体膨胀的?

批判性思维 为什么人们要烧煤和石油?

热能把固体金属变成液体。

课后回顾

摘要

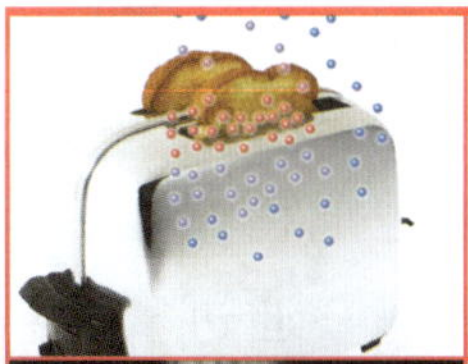	热量是指从热的物体向冷的物体传递的能量。
	热量通过传导、对流和辐射传递。
	热量可以使物体膨胀、收缩、改变状态或燃烧。

制作 **折叠式学习卡**

制作折叠式学习卡，来总结本课关于热量的内容。

想一想，说一说，写一写

1. **词汇** 热量在空间中的传递称为__________。

2. **因果关系** 给冰加热会发生什么？给液态水加热呢？给一个充满空气的气球加热呢？

原因→结果
→
→
→
→

3. **批判性思维** 解释为什么热量不会从冰块流向热饮料。

4. **测试** 许多炊具是用金属做成的，因为金属是一种很好的（　　）。
   A 导热体
   B 绝热体
   C 热源
   D 散热器

5. **基本问题** 什么是热量？

写作链接

比对与对比

写一篇短文来比较金属杯和泡沫杯。你会选哪种杯子来喝热饮？冷饮呢？请解释。

艺术链接

热传递示意图

画一幅图，展示热传递的三种方式，为你的示意图添加标注和说明。

聚焦技能

探究技能：推理

我们知道，绝热体不能很好地传热。防止冰融化的一种方法是把它们隔离起来。科学家通过实验来找出哪些材料能最大程度地阻止热传递。通过实验，他们可以推断出哪种材料是最好的绝热体。

▶ 学习

当你推理时，你根据事实或观察形成一个看法。你可以使用图表、表格或折线图来整理数据，这样你就能很明显地看到差异，并对结果形成看法。

▶ 尝试

使用不同的材料来隔离冰块。推断哪种材料最适合减缓冰块的融化过程。

材 料 剪刀、纸、铝箔、保鲜膜、4个冰块、胶带、浅盘

1. 制作一张表格。
2. 剪一张大小能够刚好包住一个冰块的纸。铝箔和保鲜膜也是同样的剪法。
3. 把一个冰块包在纸里，用胶带把纸封好。把密封的冰块放在盘子里，记录放置冰块的时间。

4 用铝箔重复步骤3，之后再用保鲜膜重复。留下一个冰块不包裹。记录你在盘子里放下每个冰块的时间。

5 观察各个盘子里的冰块。记录每个冰块完全融化时的时间。

6 计算每个冰块融化消耗的时间，填入表格。

	铝箔	纸	保鲜膜	未包裹
开始时间				
融化时间				
融化消耗的时间				

▶ 应用

解释数据，推断哪一种包装能最好地隔离热量。

1 将未包裹的冰块融化所需的时间与其他结果进行比较。哪种材料是最好的绝热体？这种材料包裹下的冰块和未包裹的冰块相比，融化时间差距是多少？

2 哪种材料是最差的绝热体？为什么？

3 为什么要留下一个冰块不包裹？

4 你研究的是哪种类型的热传递方式？为什么？

第2课

声

看一看，想一想

小提琴、吉他等都是乐器。这些乐器中，哪些是弦乐器？如何改变弦乐器的声音？

探究活动

弦是如何产生音乐的？

做出预测

要用吉他演奏音乐，你得拨动它的弦。如果你把弦崩得更紧些，声音会发生什么变化？如果你换一根较短或者较粗的弦呢？请你做出预测。

材料

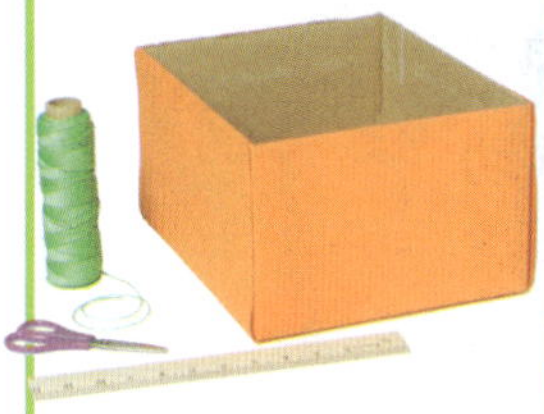

- 纸盒
- 剪刀
- 细绳
- 尺子

检验预测

1. ⚠小心！用剪刀在盒子顶部戳一个小洞。
2. 把细绳穿过这个洞。在绳子的底部打一个大大的结系紧绳子，确保它不会松开。
3. **观察** 按住盒子的边缘，使之保持稳定。如图所示，将绳子拉过尺子的顶部，拨动绳子。你听到了什么？记录观察结果。
4. 重复步骤 3，但这次要把绳子拉紧。再试一次，这次让绳子松一些。记录观察结果。
5. 剪几根长度一致的绳子，将它们缠绕在一起。重复步骤 2 ～ 4。记录观察结果。

步骤 3

得出结论

6. **交流** 每种情况下的声音是如何变化的？你的预测正确吗？
7. **分类** 你的纸箱装置类似于什么类型的乐器？

进一步探究

不同的材料会发出不同类型的声音吗？用一根长橡皮筋重复这个实验。声音是如何变化的？

读一读，学一学

基本问题

你是怎样发出声音的?

词汇

振动
声波
回声
波长
频率
音调
振幅
响度

阅读技能

推理

线索	已知	推理

什么是声音?

想一想乐器能发出的所有声音。吉他的声音可以是舒缓的，也可以是急促的；低音鼓发出深沉的重击声；行进鼓发出尖锐的爆裂声。你有没有想过，不同的声音是如何产生的?

振动

当你拨动吉他弦时，会发生什么?它会快速地来回移动。这种来回的运动称为**振动**(vibration)。

当你说话或唱歌的时候，如果你把手指放在喉咙上，你会注意到什么?你能感觉到振动。当空气经过时，喉部的声带就会振动。这样你就可以说话了。

所有的声音都是振动产生的。想想闹钟的铃声，闹钟一响，铃就会振动。声音是怎样传到你耳朵里的?

当鼓手击鼓时，鼓面会振动。振动形成声波。

闹铃向四面八方发出声波。

声波

试想一下，当海浪在漂浮的物体下翻滚时，会发生什么？物体会随之上下颠簸，此时波浪的能量在水中扩散开来。

在某些方面，声波就像海浪。**声波（sound wave）**是通过物质传递的波。声波从振源向各个方向传播，不像海浪那样上下移动。

能量转移

观察上面的图片，蓝点表示当铃声响起时空气中微粒发生的变化。首先，振动产生的能量使空气粒子运动；然后，空气粒子相互碰撞。有些空气微粒靠拢，有些则是分开的。空气粒子来回移动，但它们在传递能量时总体位置并未改变。

真相 声音不能在真空中传播。

快速检测

推理 声波能在水中传播吗？简要说明理由。

批判性思维 当你拨动一根弦时，它会振动并发出声音。怎样才能使这种声音停止？

▲海豚利用回声来定位水下的物体。

声音如何传播?

你知道吗?声音不仅可以在空气中传播,也可以通过其他物质传播,包括固体、液体和气体。

回声

有时声波会从物体表面反射回来,形成**回声(echo)**。

左图中的海豚利用回声来导航和寻找猎物。它们发出的声音会被鱼类等水下物体反射。

读　图

声音在海水中和在空气中相比,哪个传播得更快?快多少?

线索　找出刻度盘上每个箭头的位置。

音速

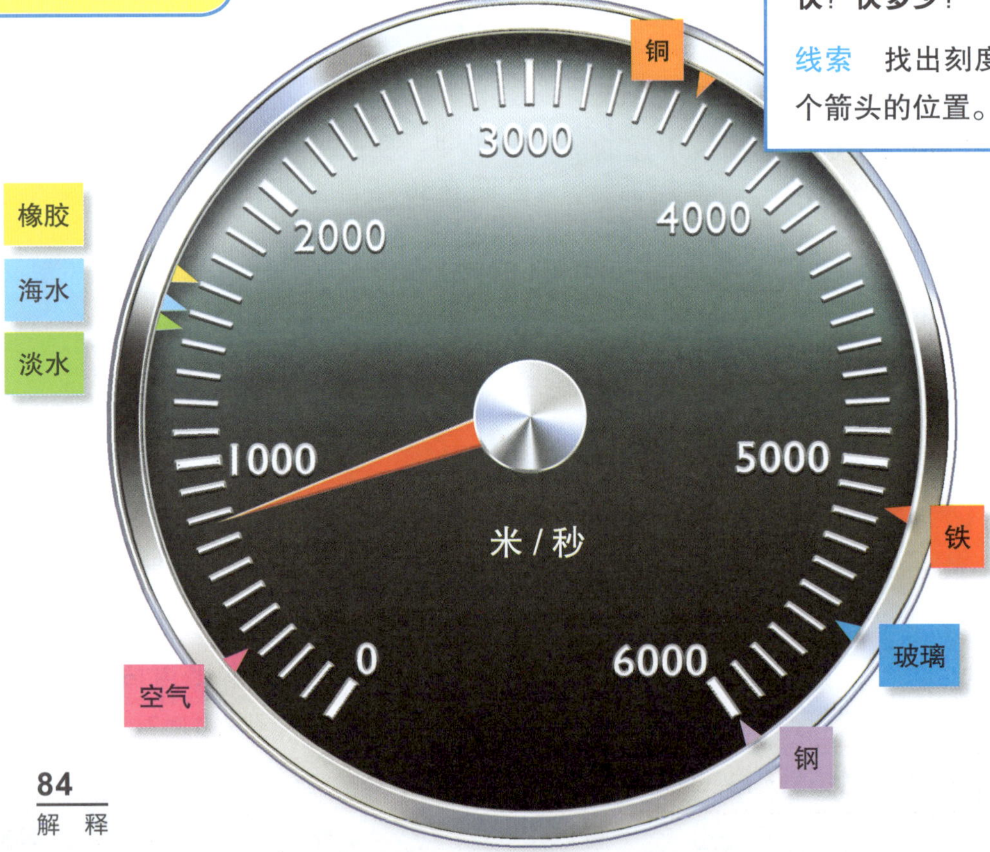

耳朵的工作原理

当声波传到你的耳朵里时，会发生什么？

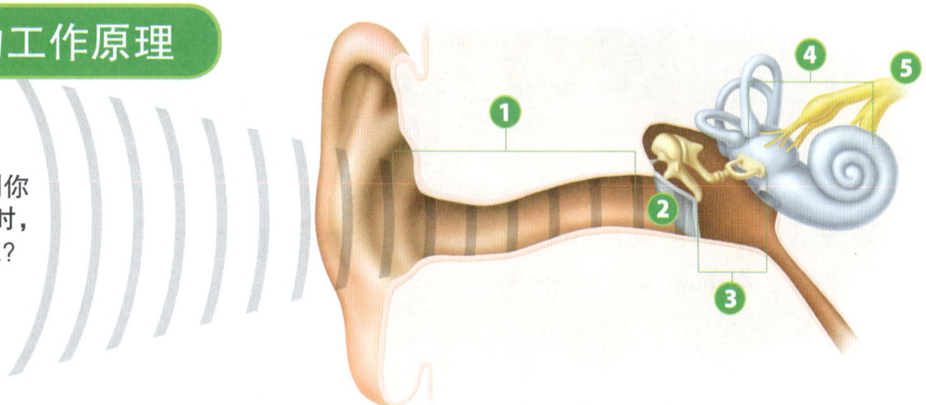

1 **外耳** 外耳收集声波。它像一个漏斗一样把声波导入耳朵。

2 **耳膜** 声波使鼓膜像鼓面一样振动。

3 **中耳** 中耳的三根小骨负责接收振动，这三根小骨叫作锤骨、砧骨及镫骨。

4 **内耳** 镫骨将振动传递到内耳的螺旋管中。管中充满了液体。

5 **神经** 内耳毛细胞向耳朵里的神经发出信号，神经把这些信号传送到大脑，大脑把信号翻译为声音。

声速

声音在各种材料中传播的速度不完全一样。声音在气体（如空气）中传播得最慢；在液体（如水）中传播得较快；在固体（如玻璃或金属）中传播最快。

声音不能在真空中传播。因为真空中没有物质，所以不可能有振动。因此，真空中不可能有声波。

人耳

当你的朋友和你说话时，声波在空气中传播。当这些声波到达你的耳朵时，会发生什么？

首先，声波携带能量到达耳朵里的微小器官，能量使这些器官振动。上面的示意图显示了声音是如何从耳朵传到大脑的。所有这些步骤都发生在一瞬间！

快速检测

推理 一个朋友在空荡荡的健身房一边大喊时，你能听到好几次他的喊声。简要说明原因。

批判性思维 为什么声音不能在外太空传播？

迷你实验

音调和水

1. 准备5只相同的玻璃杯。留一只空杯子，在其他4只杯子里分别装$\frac{1}{4}$杯水、$\frac{1}{2}$杯水、$\frac{3}{4}$杯水和一整杯水。

2. **观察** 用勺子轻敲每个杯子。哪个杯子发出声音的音调最低？哪个音调最高？
3. 将杯子按音调从最低到最高的顺序摆放。
4. **推理** 是什么导致音调变化的？是什么在振动？简要说明。

声音有什么不同？

如果所有的声音都来自振动，为什么它们听起来不一样呢？

波长和频率

和所有的波一样，每一种声波都有一个波长和频率。在声波中，**波长（wavelength）**是从一个拥挤的粒子区域到另一个区域的距离。请看第87页的图。波长是从一个波峰到下一个波峰的距离。

频率（frequency）是声源在单位时间内所产生的振动次数。当你敲击钟面时，它会快速地振动。振动产生高频声波。

钟的大小决定了音调。▼

音调

声波的频率决定了它的音调。**音调（pitch）**是指声音的高低。音调高的声音，比如蚊子翅膀的拍击声，频率很高；音调低的声音，比如蟾蜍的叫声，频率很低。

你会弹奏弦乐器吗，比如吉他？你可以通过调弦来改变它的音调。更短、更细或更紧的弦振动得更快，发出的声音有更高的音调。

振幅和响度

声波的能量大小与其**振幅（amplitude）**有关。振幅高的声波是由振动力量较大的物体产生的。

振幅影响声音的**响度（volume）**。当飞机起飞时，高振幅的声波充满了空气，响度很大；当你轻声细语时，你的声带只是微微颤动，声波的振幅很低，响度很小。

快速检测

推理　调吉他时，有一根弦的声音太低了。你打算怎么解决这个问题？

批判性思维　为什么笛子和大号发出的声音不同？

比较声波

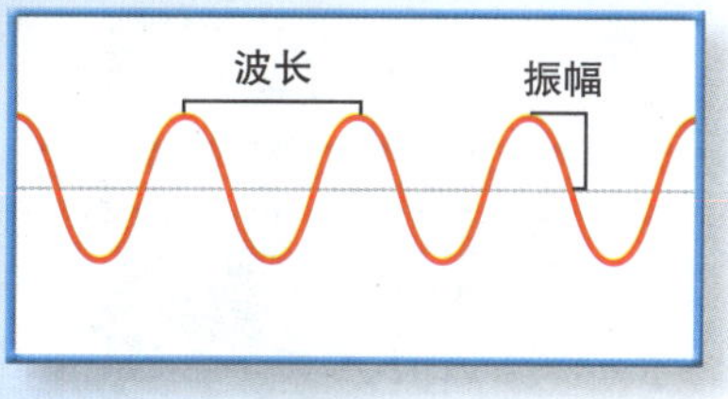

波长长
振幅中等

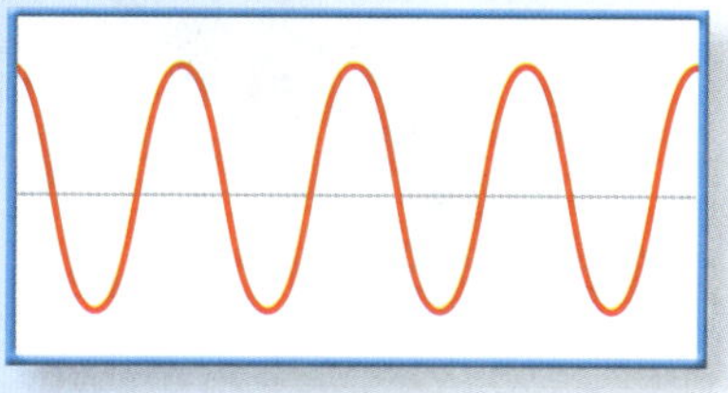

波长长
振幅高

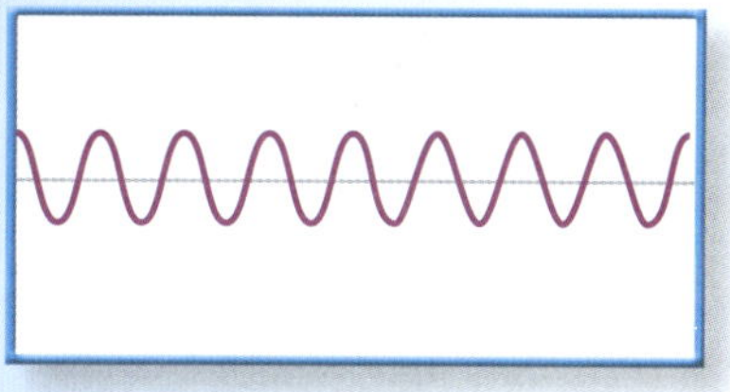

波长短
振幅低

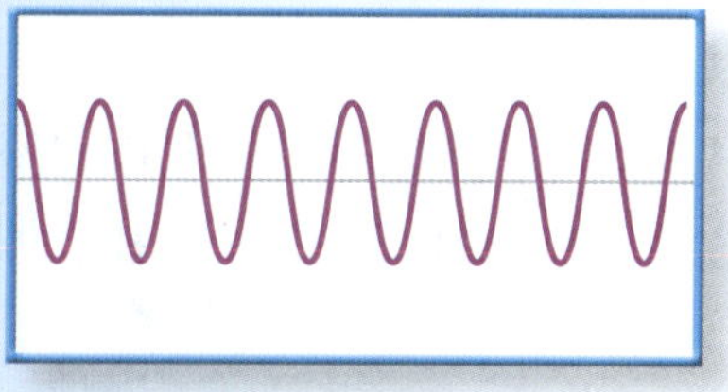

波长短
振幅中等

读　图

哪一种声音响度大，音调低？

线索　比较振幅和波长。

用声音来“看”

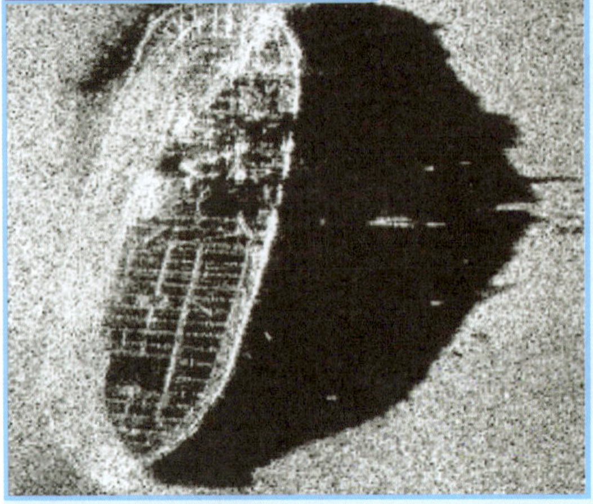

用声呐来探测海底沉船。

什么是声呐?

声音在水中传播的速度比在空气中传播的速度大，而且传播的距离也更远。我们可以利用声音的这些特性来“看到”水下的物体。

声音导航和测距

声呐是一种利用声波探测水下物体的技术。声呐可用于声音导航和测距。它通过发出声音和接收回声来发挥作用。

使用回声

当声音到达远处物体表面时，它会被反射。声呐装置测量声音和回声之间的时间差，然后对物体或平面进行成像。

我们如何使用声呐？水手用声呐测量水深；渔民使用声呐寻找鱼群；科学家用声呐绘制海床图；还有人用声呐来搜索沉船或潜在危险。

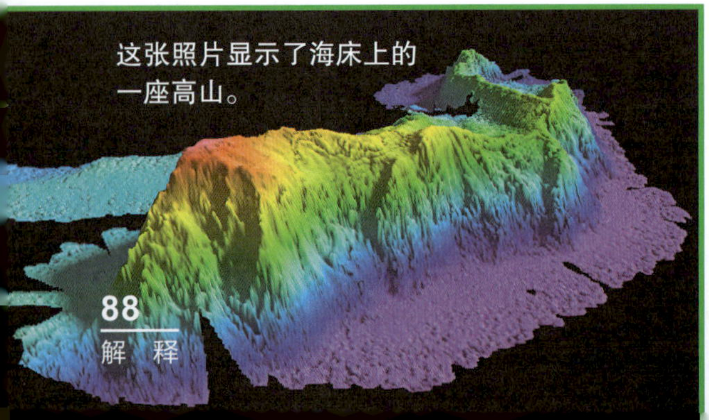

这张照片显示了海床上的一座高山。

快速检测

推理　为什么定位水下沉船很重要?

批判性思维　为什么声呐在空气中不能很好地发挥作用?

课后回顾

摘要

粒子振动时产生声音。声波把能量从振源送出。

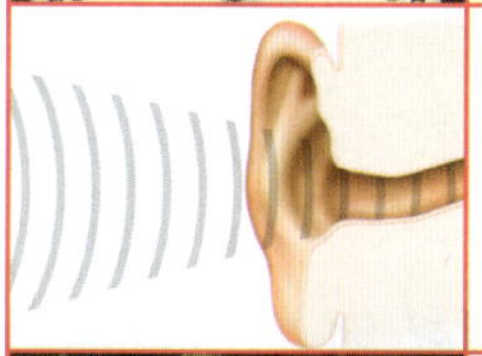

声音通过固体、液体和气体传播。反射的声音叫作回声。

声音的特征包括频率、音调、振幅和响度。

制作 折叠式学习卡

制作折叠式学习卡，来总结本课关于声音的内容。

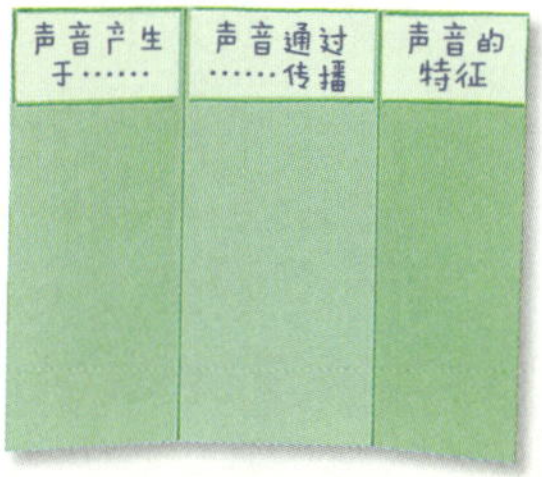

想一想，说一说，写一写

1 **词汇** 声音的高低是指________。

2 **推理** 特鲁迪在听摇滚音乐会，她必须大声喊叫才能让她的朋友听见她说的话。你对声音和听觉了解多少？对噪声呢？你能从音乐会上的声音中推断出什么？

线索	已知	推理

3 **批判性思维** 钢琴调音师先调松一根弦，然后再绷紧另一根弦。为什么？

4 **测试** 振幅高的声波会产生（　　）的声音。

A 音调高　　B 音调低

C 响度大　　D 音速快

5 **基本问题** 你怎样才能发出声音？

数学链接

写一个表达式

某一个物体位于水下750米处。用回声探测这个物体的位置时，声音需要1秒的时间反射回来。现在用回声探测另外一个物体的时候，声音过了3秒才反射回来。请问：这个物体位于水下多深的地方？请用一个数学表达式来解答。

音乐链接

制作乐器

用第86页“迷你实验”的5杯水来演奏一个简单的曲子。你能发出不同的声音吗？小心轻拍玻璃杯！

井中的声音

一天晚上，我哥哥汤姆告诉我有关家后院那口井的事情。“我听到树林里有奇怪的声音。”他说，“我还听到一个声音从老井里传出来。”我鼓起勇气说：“我不相信你，要么你证明给我看！”

我们慢慢地走到井边。我压低声音喊道：“喂！”过了一会儿，我听到一个声音说：“喂！喂！”我很震惊。我喊道：“你没事吧？需要帮助吗？”那个声音说：“帮助！帮助！”

我哥哥在大笑，“保持冷静。”他说，“这是回声。”

提示

优秀的记叙文（叙事）应该怎么写？

- 使用第一人称代词讲述故事；
- 有起因、经过和结尾。

写作

叙事 你听到过回声吗？是什么形成了回声？围绕个人经历写一篇记叙文。

科学中的数学问题

倾听回声

如何计算你与产生回声的物体之间的距离？记录从发出声音到听到回声所需要的时间，将它乘以声速，然后除以 2。为什么要除以 2？因为在你听到回声之前声波经历了一个来回！

假设“井中的声音”的叙述者花了 1 秒的时间才听到回声，空气中的声速是 340 米 / 秒。叙述者离井底有多远？写一个算式来解答这个问题。

时间 × 声速 ÷ 2 = 距离

1 s × 340 m/s ÷ 2 = 170 m

叙述者离井底 170 米。

提示

- 仔细阅读题目。
  你知道什么？（时间是1秒，声速是340米/秒，声音是往返的）。
  你要求什么？（距离）
- 决定是使用加法、减法、乘法还是除法来计算。
- 写一个数字算式，并把它解答出来。
- 检查一下你的答案。

实践

为每一道题写一个算式并求解。

1. 你在峡谷里大声喊叫，2 秒后听见回声。请问峡谷壁离你有多远？
2. 在海洋中，声音以每秒 1500 米的速度传播。一艘船的声呐信号在 3 秒后返回。船距离海底有多远？

第3课

光

看一看，想一想

你见过天空中的彩虹吗？彩虹是如何形成的？为什么彩虹有不同的颜色？

探究活动

什么组成了白光？

活动目的

用棱镜了解白光。

活动步骤

1 **观察** 把棱镜的长边举起来正对阳光，让阳光穿过棱镜照到地板上。慢慢旋转棱镜，光如何变化？记录观察结果。

2 把纸箱放在阳光充足的窗户旁边的一张桌子上，将纸箱上的切缝正对窗户。把一块棱镜放在箱中离切缝大约 7.5 厘米的位置。

3 让你的伙伴手捧一面镜子，使之能够把阳光反射到如图所示的切缝中。慢慢旋转棱镜。盒子底部的光发生了什么变化？记录观察结果。

4 **预测** 如果你把第二块棱镜放在从第一块棱镜中穿过的光线路径上，会发生什么？试一试。慢慢旋转第二块棱镜。记录观察结果。

得出结论

5 步骤 4 中的光发生了什么变化？

6 **推理** 分析你的观察结果，你能得出什么结论？

材 料

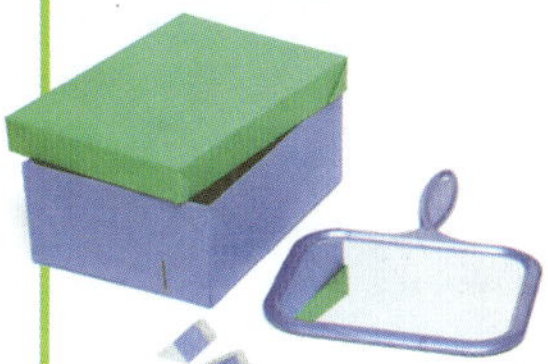

- 2块棱镜
- 有切缝的大纸板箱
- 镜子

步骤 2

步骤 3

进一步探究

如果你将两块不同的棱镜中穿过的光束交错到一起，会发生什么？试一试。

读一读，学一学

基本问题

光表现出哪些特性？

词汇

棱镜
电磁波谱
折射
反射
透明的
半透明
不透明

阅读技能

中心思想和论据

中心思想	论据

什么是光？

我们生活在一个色彩斑斓的世界里。环顾四周，你看到的所有颜色都是光的一部分。**光**是我们用眼睛探测到的一种能量形式，它来自太阳、灯泡、火等。它甚至可以来源于萤火虫这样的生物！

牛顿的棱镜

17 世纪 60 年代中期，年轻的艾萨克·牛顿想要了解光的颜色。在一个阳光明媚的日子里，牛顿关好窗户，让房间变暗，然后在百叶窗上打了一个小洞，这个洞恰好能让一束阳光穿过。牛顿拿着一个棱镜走进光束。**棱镜(prism)**是一种能把白光分解成有色光带的物体。在棱镜的作用下，牛顿看到了彩虹的七色光！

可见光谱

牛顿是第一个证明白光是由七种颜色的光组成的科学家。这些颜色构成了太阳光谱。

我们现在知道可见光谱不是光的全部。光像声音一样以波的形式传播。**电磁波谱(electromagnetic spectrum)**包含了全部的光波图谱。可见光在电磁波谱中处于什么位置？在图中找一找吧。

电磁波谱

光的波长

读 图

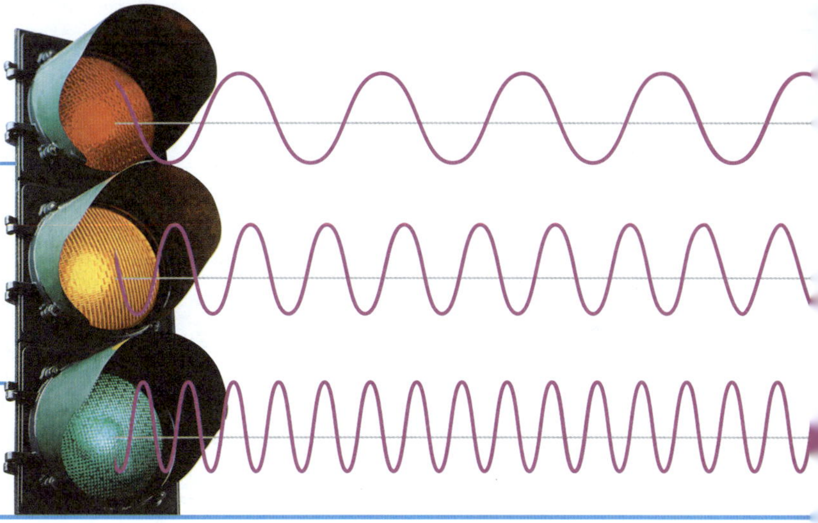

哪种颜色的光波长最长？

线索　观察相连两个波峰之间的距离。

波长和能量

电磁波谱中的光波有不同的波长，每种波长携带不同的能量。波长越长，能量越少。

波长最长的光波是无线电波，它们所拥有的能量最少。波谱的另一端是伽马射线。它们的波长最短，能量最多。

光波可以是有益的，也可以是有害的。你知道微波炉实际上使用了光波吗？你知道热量实际上是红外线吗？紫外线是危险的，它可能会灼伤你的皮肤；X 射线则可以帮助医生检查病人的身体内部。

快速检测

中心思想和论据　什么是电磁波谱？

批判性思维　你能说出哪些光源的名称？

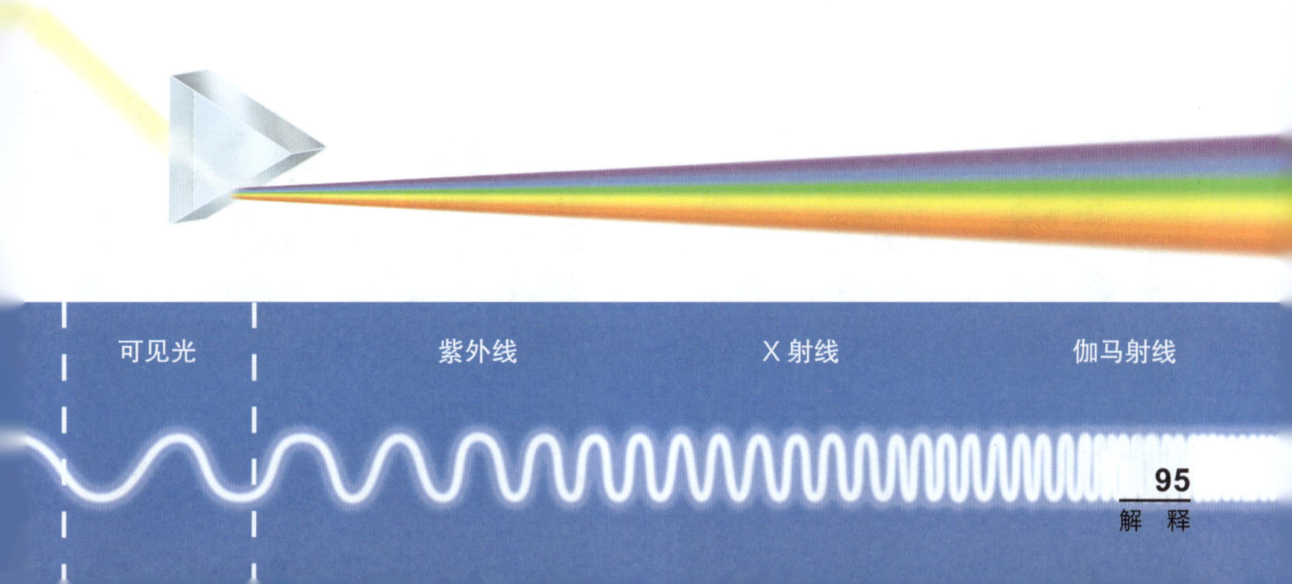

光是如何传播的?

打开一盏灯，光波传向四面八方。光波以直线的形式运动。光可以穿过空气、水和真空。

折射

图中的铅笔真的被切成两半了吗？不是，它只是被折射了。**折射（refraction）**是光从一种介质传播到另一种介质时发生的偏折。光从玻璃进入水中时发生折射。光从冷空气进入暖空气时，也会发生折射。

光在不同介质中以不同的速度传播。与声音不同，光在密度更大的材料中传播得更慢。当光照射到密度更大的材料上时，它会减速并偏折。水的密度比空气的密度大，所以光在水和空气交界的地方发生了折射。

折射使铅笔看起来像是被分成了两半。

透镜

透镜是一种使光发生偏折的工具。**凹透镜**的中心比边缘薄，穿过凹透镜的光从透镜中心向外偏折，光被发散了。利用凹透镜制成的眼镜可以帮助近视眼患者看清远处的物体。

凸透镜的中心比边缘厚，穿过凸透镜的光朝中心位置向内偏折，光被会聚了。老花镜是由凸透镜制成的。

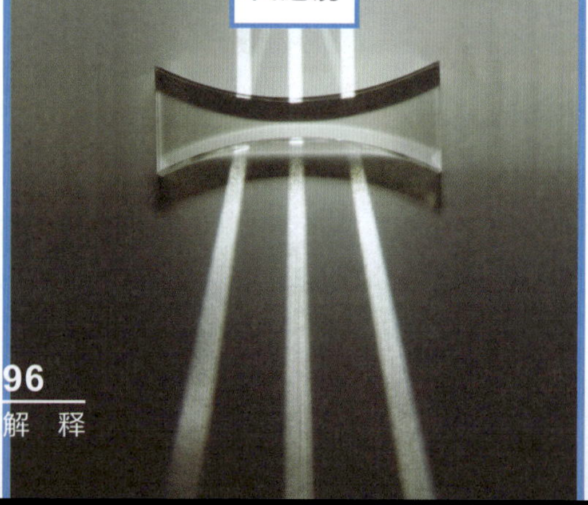

凹透镜

凸透镜

眼睛的工作原理

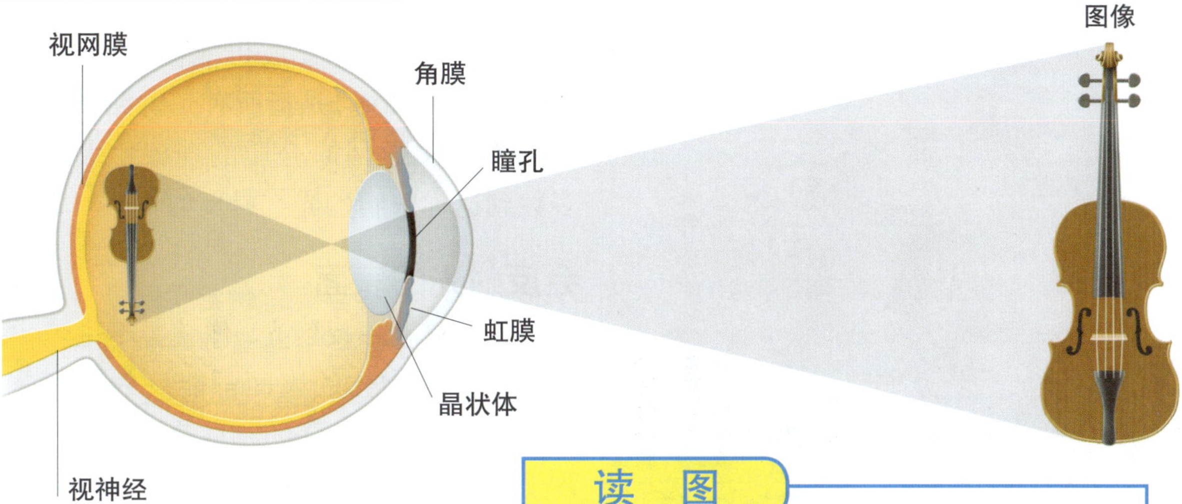

读 图

光通过眼睛各个部位的顺序是怎样的？

线索　当光进入眼睛时，追踪光的路径。

人眼

我们是如何看到物体的？从物体表面反射的光进入我们的眼睛。首先，光通过一层覆盖每只眼睛的薄而透明的组织，这个组织叫**角膜**。

接下来，光通过眼睛里一个叫作**瞳孔**的孔，瞳孔是眼睛中央的黑点。**虹膜**是眼睛的有色部分，眼部肌肉使瞳孔周围的虹膜变宽或变窄，调节瞳孔大小，从而控制进入瞳孔的光量。

光从瞳孔穿过眼睛前部的晶状体。晶状体折射来自物体的光，将图像聚焦到眼球后部的视网膜上。

真相　**眼睛接收颠倒的图像。**

从眼睛到大脑

覆盖眼球后部的组织是**视网膜**。晶状体聚焦在视网膜上的图像是上下颠倒的，视网膜将图像转换成电信号，**视神经**将这些电信号传送到大脑，大脑将它们解释为正确的图像！

快速检测

中心思想和论据　什么是折射？举一个例子。

批判性思维　望远镜用到了哪种透镜？说出理由。

印度泰姬陵附近的河流表面非常平静，可以反射光。

什么是反射？

和声波一样，光波也能被反射。**反射（reflection）**是指所有光射到介质表面后又返回原介质的现象。大多数到达你眼睛的光都是反射光。

会反射光的表面

如果桌子不反射光，你就看不见它！大多数物体的表面都能反射一些光。光滑、有光泽的物体表面，如镜子，能反射几乎所有照射在它们表面上的光。暗淡粗糙的表面反射的光较少。并不是只有固体的表面才会反射光，液体和气体的表面也能反射光。

反射和颜色

为什么大多数叶子看起来是绿色的？物体的颜色取决于它反射的光的颜色。当你看一片叶子时，你看到的是反射光。绿叶只反射可见光谱中绿光，它**吸收**了其他颜色的光。

反射定律

光线的入射角总是等于反射角。

凹面镜可以形成两种不同的图像。

镜子的工作原理

像透镜一样，镜子可以是凸面的，也可以是凹面的。凸面镜把反射光发散，这使反射后的图像视野更加开阔。因此，凸面镜常被用作汽车的后视镜。

凹面镜把平行光反射的光会聚到一点上。你看到像的大小、正立或倒立，取决于你离镜子的距离。在一定范围内，玩具靠近凹面镜时显得更大。

反射定律

当光从表面被反射时，它会改变方向。射向表面的光线称为**入射光线**，被反射的光线称为**反射光线**。

入射光线以一个叫作**入射角**的角度射向表面，反射光线以一个称为**反射角**的角度被反射。入射角和反射角总是相等的。这就是**反射定律**，如上一页图片所示。

快速检测

中心思想和论据 什么是反射？光是如何被反射的？

批判性思维 比较凸面镜和凹面镜，它们有何不同之处？有何相似之处？

迷你实验

反射角

1. 把一面平面镜贴在与眼睛齐平的墙上。用胶带把一张纸粘在墙上盖住镜子。
2. **预测** 和搭档合作，预测你们两个人需要站在哪里才能看到镜子里的对方。用胶带在地板上标出你预测的位置。
3. 揭开纸。站在你标记的地方。你的预测正确吗？如果不正确，再次用纸盖上镜子，重复步骤 2。
4. 在你们各自站立的点上分别粘一条胶带，从每个点出发，将胶带延伸到镜子中心位置正下方的墙上。
5. **推理** 这两条胶带与镜子形成的角度是多少？

光可以穿过玻璃。

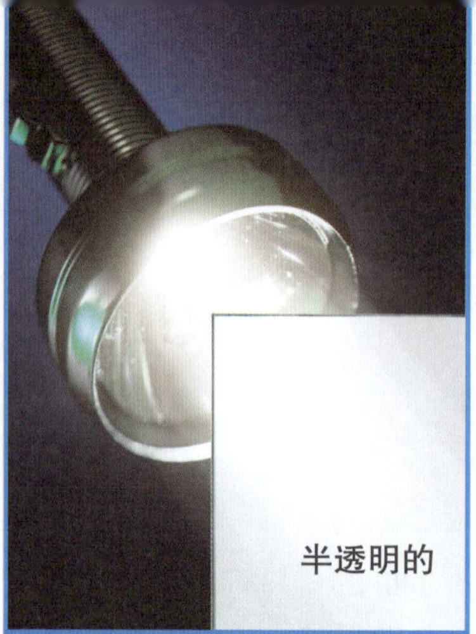

塑料把光散射到不同的方向。

木头阻挡光线通过。

光能通过什么?

当光照射到物体上时，它可能能通过这个物体，也可能不能通过这个物体。

透明的物体

有些材料是**透明的（transparent）**，它们使得光能以直线形式通过。光以直线形式穿过空气、水和外太空。我们可以很清楚地看到透明材料后面的物体。

半透明的物体

半透明（translucent）材料将光散射到不同的方向，我们很难看清楚它们后面的物体。比如，有些淋浴门是用半透明玻璃做的。

不透明的物体

不透明（opaque）的材料可以完全阻挡光线。比如，木头和金属是不透明的。

如何知道物体是否透明？把它放在光源前，如果没有光通过，那么物体就是不透明的。

快速检测

中心思想和论据 光能通过哪些材料？哪些材料会阻挡光？

批判性思维 假设你正在设计一个保护人们隐私的窗户，你会用什么材料？请解释原因。

课后回顾

摘要

	光是一种以波的形式传播的能量。我们可以用电磁波谱对它进行分类。
	折射是光从一种介质传入另一种介质时发生的传播方向的改变。
	当光照射到介质表面并返回原介质时，称为反射现象。有些表面不能反射光。

制作 折叠式学习卡

制作折叠式学习卡，来总结本课关于光的内容。

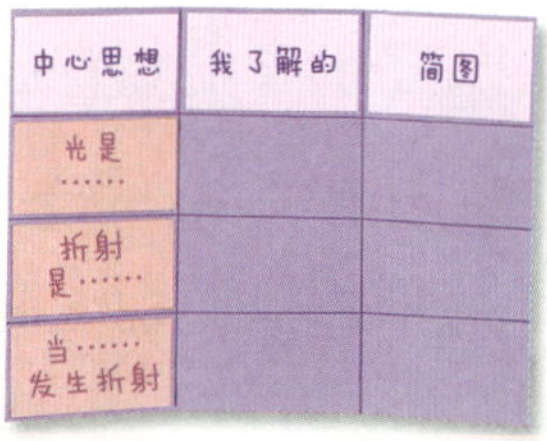

想一想，说一说，写一写

1. **词汇** 当光从介质表面返回原介质时，我们称之为________。

2. **中心思想和论据** 光是如何帮助我们看到物体的？

中心思想	论据

3. **批判性思维** 折射和反射有什么相似之处？

4. **测试** 光不能通过（　　）的物体。
   A 透明的
   B 不透明的
   C 半透明的
   D 凸出的

5. **测试** （　　）的能量最大。
   A 无线电波　　B X 射线
   C 伽马射线　　D 微波

6. **基本问题** 光表现出哪些特性？

数学链接

画角

借助量角器画出几束以不同角度从镜面反射出去的光。记住要运用反射定律，标出入射角和反射角。

艺术链接

绘制有色光谱

画一幅示意图，表示棱镜是如何将白光分成七色光的。请注明可见光谱中的所有颜色。

材 料

白色大纸

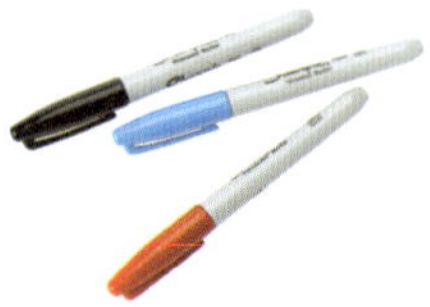

马克笔

平面镜

手电筒

结构化探究

光被反射时，会发生什么？

做出假设

当你照镜子时，来自你身体的入射光会照射到镜子的表面，然后再从镜子表面反射回来。如果你改变镜子的角度，会发生什么？反射光线会怎样变化？把你的答案写成这样的形式："如果我倾斜镜子的表面，那么光线的反射角会……"

验证假设

1. 和搭档合作，把镜子当作直尺，在一张大纸的中间画一条线。把镜子的长端竖直放在这条线上。
2. 在黑暗的房间里，让手电筒与镜子垂直，放在镜子前，将光对准与纸相接的镜子底部。把镜子举起、放下。你可以看到纸上反射的光。
3. **观察** 慢慢移动镜子，使之远离手电筒。反射的光会发生什么变化？记录观察结果。

4. 继续转动镜子，直至反射光与纸上的直线平行。沿此时镜子底座位置描一条新线，将这条线标记为"镜子"。

5 让你的搭档沿着入射光线画一条线，将之标记为“入射光线”。然后沿着反射光线画一条线，将之标记为“反射光线”。

6 **运用数字** 确定入射光线与镜子的夹角，对反射光线和镜子做同样的处理，作出入射角和反射角。比较这两个角。

得出结论

7 **交流** 比较入射角和反射角的大小。

8 **推理** 这些角度之间的关系正确吗？

指导性探究

球面镜如何反射光？

做出假设

凹面镜和凸面镜反射形成的图像与平面镜反射形成的图像不同。镜子的形状如何改变反射角？请你做出假设。

验证假设

设计一种方法来研究镜子的形状如何改变反射角。写出你需要的材料和你要遵循的步骤。记录你的观察内容和实验结果。

得出结论

你的结果支持你的假设吗？为什么？说明你是如何设置仅测试单个变量的实验的。

开放性探究

关于镜子，你还想了解什么？做一个调查来回答你的问题。你要写下调查报告，以便其他小组可以参照你的调查。

请记住要遵循科学过程。

提出问题
↓
做出假设
↓
验证假设
↓
得出结论

第4课
电

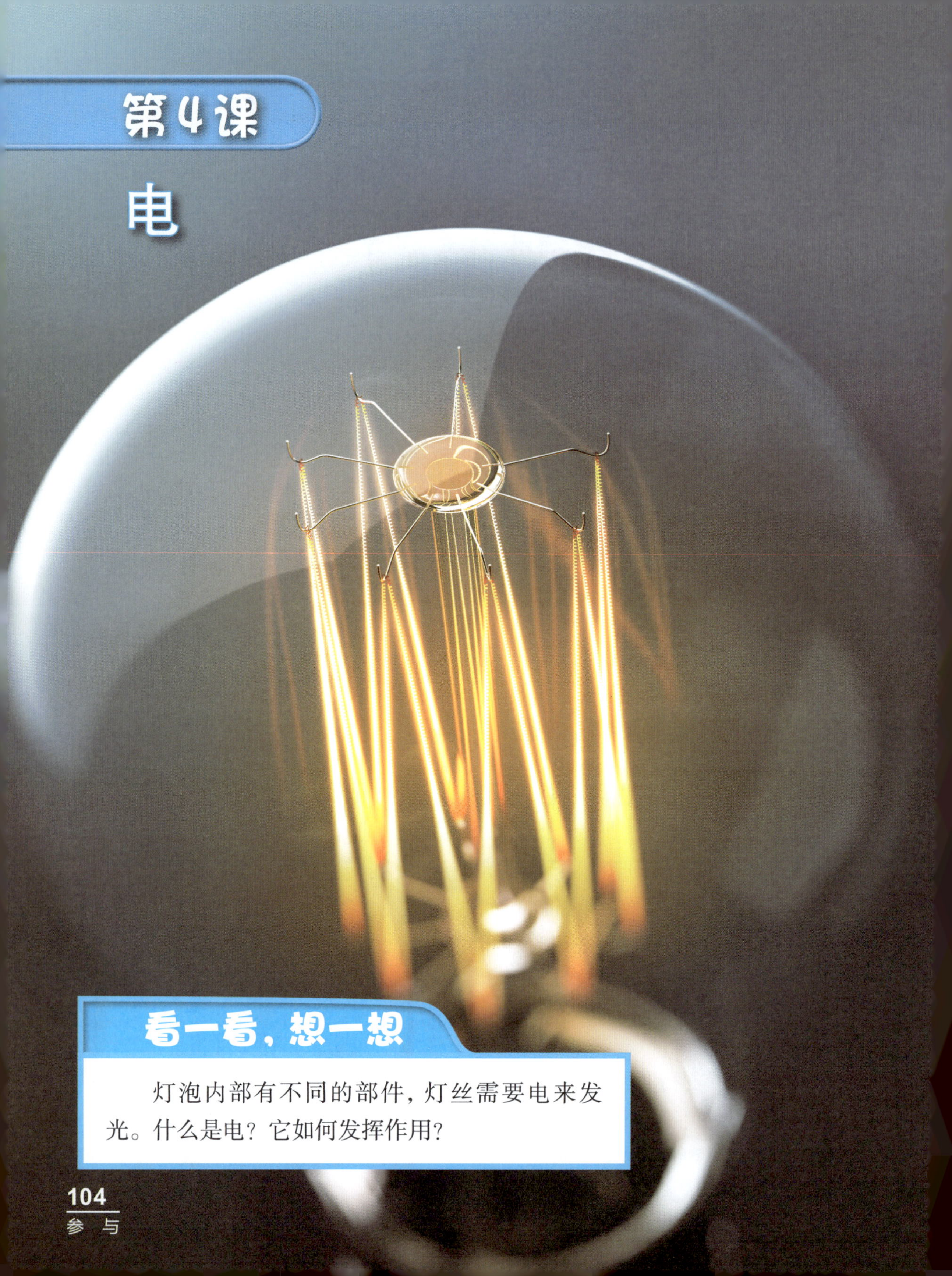

看一看，想一想

灯泡内部有不同的部件，灯丝需要电来发光。什么是电？它如何发挥作用？

探究活动

摩擦过的气球是如何相互作用的?

材料

- 2个充气气球
- 两根绳子，每根50厘米
- 胶带
- 羊毛布

做出预测

有两个气球，如果你用羊毛布摩擦其中一个气球，这两个气球将如何相互作用？如果你用这块羊毛布摩擦这两个气球，结果会怎样？请你做出预测。

检验预测

1. 在每个充气的气球上各绑一根绳子。请一个同学把气球提起来，两个气球间隔大约 1 米。
2. **观察** 用一块羊毛布摩擦一个气球 10 次，发生了什么？记录观察结果。
3. 再用这块羊毛布把另一个气球摩擦 10 次，记录观察结果。
4. 将羊毛布放在两个气球中间，观察并记录发生的现象。
5. 把你的手放在两个气球中间，观察并记录发生的现象。

步骤 1

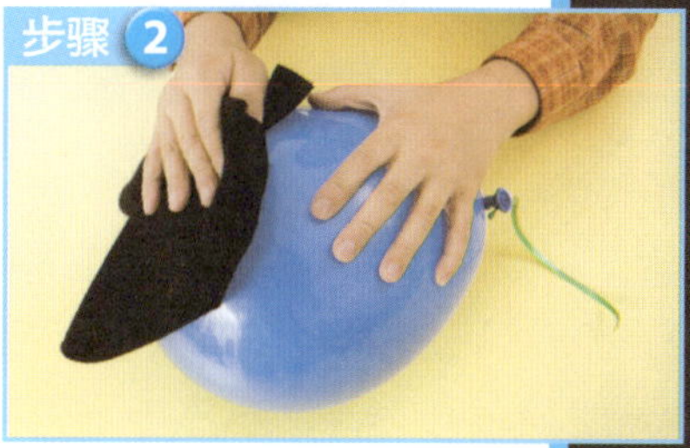

步骤 2

得出结论

6. **交流** 你的结果与预测相符吗？为什么？这两个气球是如何相互作用的？
7. **推理** 羊毛布对气球做了什么？

进一步探究

用羊毛布摩擦其中一个气球，然后试着把它贴在墙上。发生了什么？为什么？

读一读，学一学

基本问题

电是如何影响你的生活的？

词汇

起电

放电

电路

串联电路

并联电路

阅读技能

得出结论

线索	结论

什么是电荷？

你是否在明亮的球场灯光下看过棒球比赛？如果看过的话，那么你已经看到过电流的作用了。电流是电荷定向移动的结果。电荷是看不见、摸不着的东西，就像物体的颜色和硬度一样，它也是物质的一种属性。

正负粒子

物质是由叫作原子的微小粒子组成的。原子内部还有更小的粒子！这些粒子有的带正电荷，有的带负电荷。我们可以把正电荷写成正号（＋），负电荷写成负号（－）。正电荷和负电荷是相对的。

总电荷

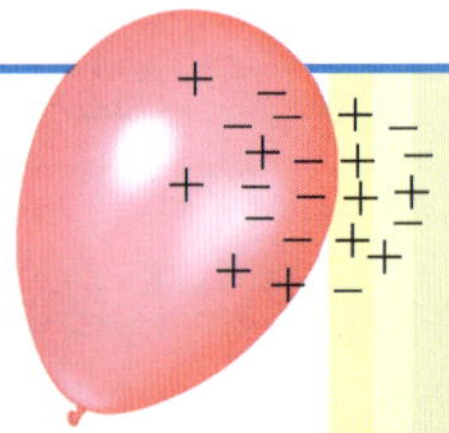

③ 气球上的负电荷吸引了墙上的正电荷，气球就会吸附在墙上。

② 用羊毛布摩擦气球，羊毛布上的一部分负电荷会转移到气球上，气球上的负电荷增加。

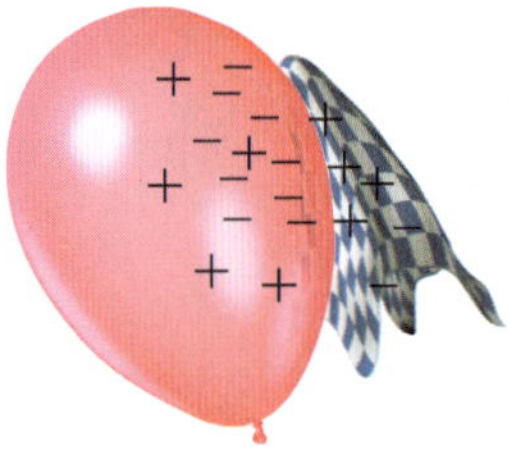

① 气球和羊毛布本身是中性的。每种物体的正电荷和负电荷一样多。

电荷相互作用

你不可能看到或感觉到电荷。然而，你可以观察到电荷是如何相互作用的。

正电荷和负电荷相互**吸引**，而同种电荷相互**排斥**：正电荷与正电荷相排斥，负电荷与负电荷也相排斥。

大多数物质的正电荷数与负电荷数相等，这些电荷相互抵消。这意味着这个物质是**电中性**的——它不带电。

电荷增加

当两个物体接触时，带电粒子可以从一个物体移动到另一个物体上。负电荷比正电荷更容易移动。

假设你用一块羊毛布摩擦一个气球，负电荷从羊毛布向气球移动，气球上的负电荷大量积聚。**积聚**意味着某物体内部一种电荷比另一种电荷多。羊毛布上积聚了大量的正电荷。

起电

电荷在物体上的积聚称为**起电**(electrification)。将物体放在一起摩擦会使它们彼此大面积地接触，这能产生更多的静电。

如果你拿着一个带负电荷的气球靠近墙壁，会发生什么？它排斥墙上的负电荷，但它同时也吸引了墙上的正电荷，这个吸引力使气球吸附在墙上。电荷随时间的推移而移动，最后气球变成电中性并掉下来。

④ 随着时间的推移，电荷四处移动。气球变成电中性。它不再被吸引在墙上，所以会掉下来。

快速检测

得出结论 保鲜膜易接受负电荷。如果你用保鲜膜摩擦气球，会发生什么？

批判性思维 你曾经有过哪些关于静电的经历？

电荷是如何运动的?

你是否遭遇过电击?当你走过地毯时,触摸一个金属门把手。嗖!你感受到的电击就是带电粒子的快速运动。

放电

当你走过地毯时,负电荷经过摩擦,会从地毯转移到你身上,你的身体会积聚负电荷。

电荷不断增加,直到你碰到一个物体,然后它们会转移到你接触的那个物体上。这种现象称为**放电**(discharge)。

闪电

并不是所有的放电都只产生小的电击。**闪电**是云层的放电。在云的内部,冰和水滴相互摩擦。一些带正电荷的粒子运动到云层的顶部,带负电荷的粒子运动到底部。如果积聚的电荷量足够大,电荷就会以闪电的形式逸散到地面上。

电流

现在你知道电荷是怎么放电的了。电荷在电路中的移动形成**电流**。

电路

要产生电流，你需要一条可以传输电流的路径。电流流动的路径称为**电路（circuit）**。

最简单的电路有三部分：①电源，比如电池；②用电器，比如灯泡或发动机；③导线，在电源和用电器之间传输电荷。

用电器都是靠电流工作的。为了保持电流的运动，电路中不能有任何断开。完整封闭的电路叫作闭合电路。断开的电路称为**开路**，开路的路径是不闭合的，电流无法流动。

开关

许多电路都有一个开关。**开关**可以控制电路的闭合和断开。教室里的灯是由一个开关控制的。当开关合上时，电路闭合，有电流通过，灯亮；当开关断开时，电路就断开了，没有电流通过，灯灭。

开、闭电路

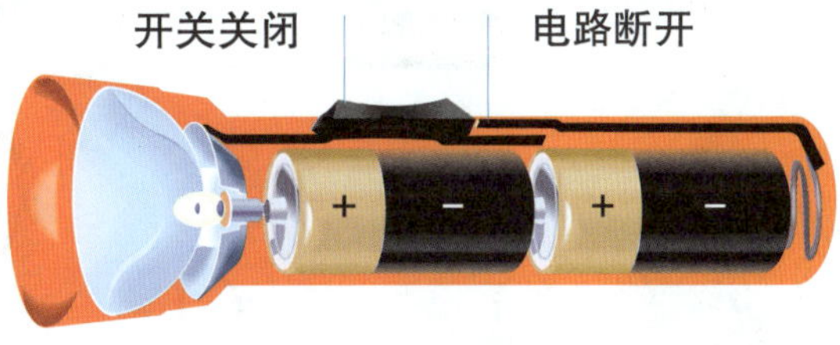

灯灭

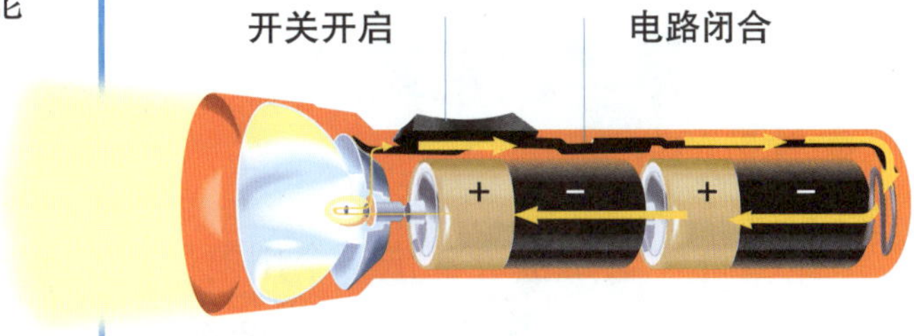

灯亮

读　图

当开关开启时，电路会发生什么变化？灯会发生什么变化？

线索　在手电筒中追踪电流的路径。

快速检测

得出结论　电流与静电有何不同？

批判性思维　如果直接把导线的两端连接到电池的两端，会发生什么？

串、并联电路

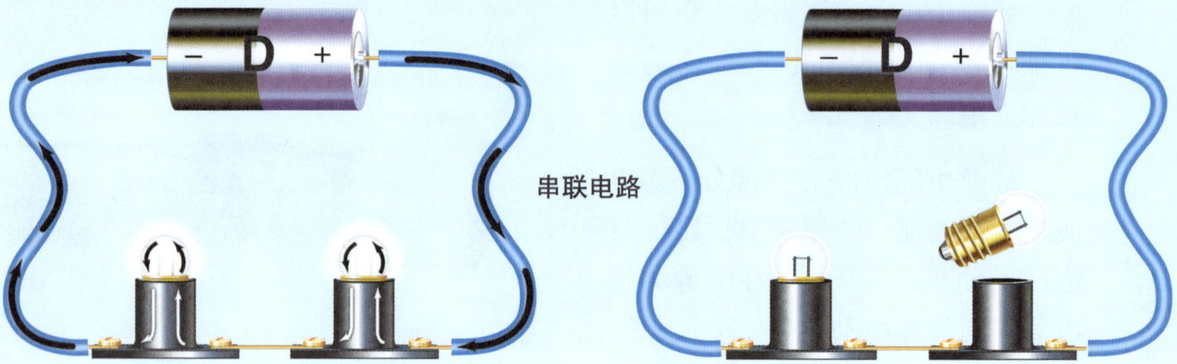

什么是串联电路和并联电路?

许多电路里有不止一个用电器。多个用电器以串联和并联这两种方式在电路中连接。

串联电路

想象一条单行道，这条道路上所有的汽车都朝着同一个方向行驶。这就是串联电路的工作原理。在**串联电路（series circuit）**中，电流沿同一路径向同一方向流动。

上图显示了一个串联电路。导线把所有的部件连接起来。当两个灯泡都安装好后，电路就闭合了。移走一个灯泡，电路就断开了。当有一个部分被移除时，电流将不会流经串联电路。

并联电路

并联电路中的电流通向同一个地方但途经不同的道路。在**并联电路（parallel circuit）**中，电流通过不止一条路径。这些不同的路径通常称为**支路**。

在串联电路中，相同的电流通过所有的用电器。然而，并联电路的支路将电流分开，使之从支路中分道流过。有些电流流过这一条支路，有些则流过另一条支路。

下一页上方的图显示了一个并联电路。两个灯泡通过不同的路径连接到电源上。如果你移走一个灯泡，另一个灯泡仍会亮着。电流仍然能从另一条支路上的完整电路中流过。

真相 **电池里面没有电能。**

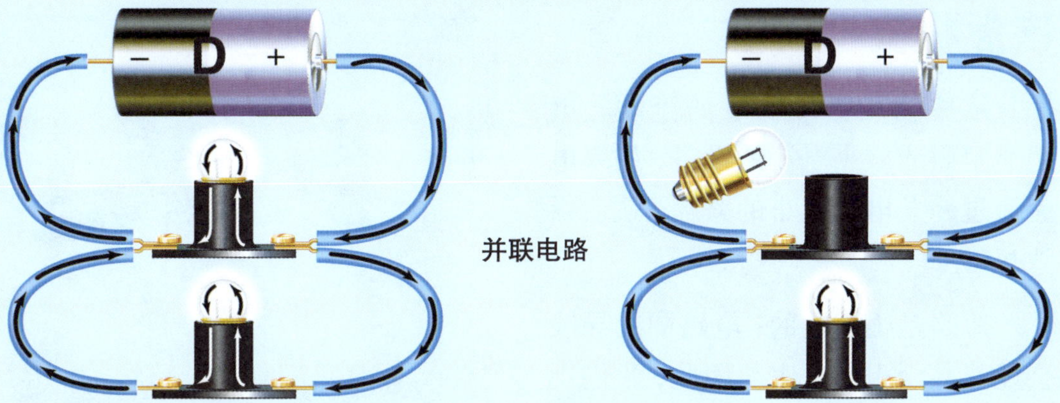

并联电路

读 图

并联电路与串联电路有何不同？

线索 箭头表示电流的流动。

大多数家庭的电源插座都是并联的。你关掉一个房间里的一个电器，其他电器仍能工作；如果插座用串联电路连接，当你关掉其中一个电器时，所有电器的电就会立刻切断！

快速检测

得出结论 并联电路中有两个灯泡，若其中一个烧坏了，则另一个灯泡会怎样呢？

批判性思维 对于节日灯串来说，哪种电路是最好的？为什么？

迷你实验

制作并联电路

1. 小心地把两个灯泡旋进插座。
2. 如图所示，用两根导线将一个插座与另一个插座相连接。

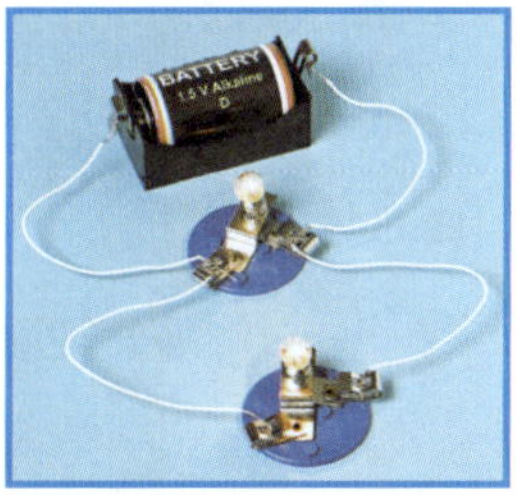

3. **观察** 再用两根导线，将一个插座连接到电池的两端。此时发生了什么？
4. 从插座上取下一个灯泡。现在发生了什么？为什么？⚠**小心！** 灯泡可能会变热。

该怎样安全用电?

某些物质会影响电的流动。电阻是阻碍或减小电流的设备，如果电流流过一条电阻很小的路径，就会导致**短路**。

短路是很危险的，电路中的导线会发热甚至引起火灾。因此，我们不能触摸或使用被撕裂或磨损的电线。

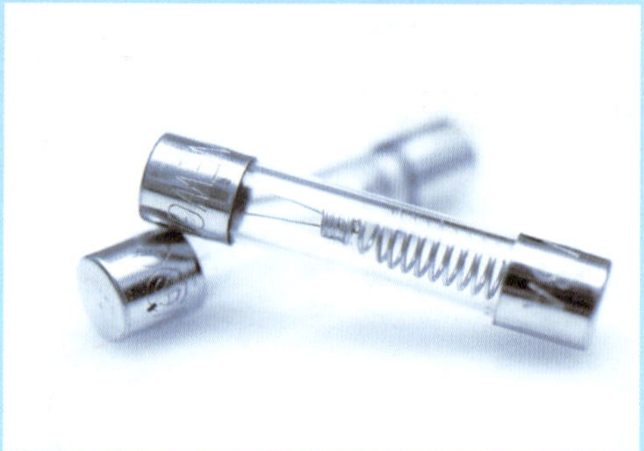
如果保险丝断了，就不能再用了。

保险丝和断路器

保险丝是一种有助于防止短路的装置。保险丝里有一段合金，该合金有很大的电阻。如果有太大的电流通过，它就会变热并熔断。这使得电路断开，电流停止流动。

保险丝只能使用一次，但断路器可以复位。**断路器**是保护电路的开关，当危险的大电流流过时，开关就会断开，电流中断。

快速检测

得出结论 在新建筑中，断路器的使用要比保险丝多，为什么?

批判性思维 断路器应该串联还是并联? 为什么?

大多数家庭都有断路器。

课后回顾

摘要

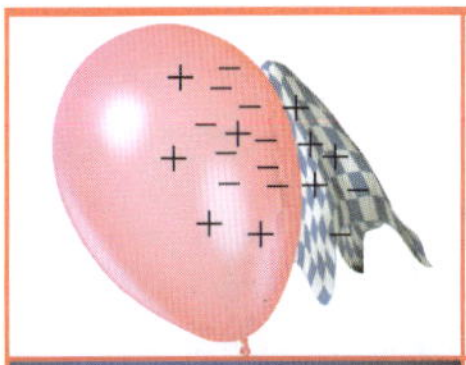	起电是电荷在物体表面的积聚。
	电流是电荷在电路中的移动。
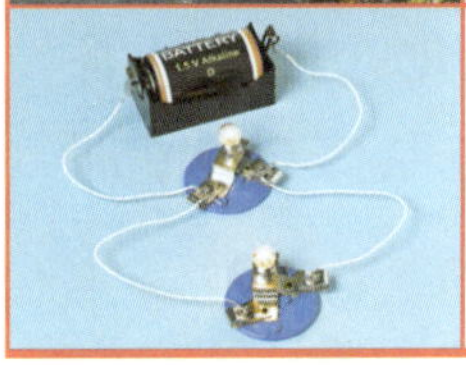	电流流动的路径是电路。有两种基本的电路。

制作 **折叠式学习卡**

制作折叠式学习卡，来总结本课关于电的内容。

想一想，说一说，写一写

1. **词汇** 电流通过的路径叫作________。
2. **得出结论** 当佩吉插上电暖器的插头时，房间里所有的电器都断电了。这是为什么？她该怎么办？

线索	结论

3. **批判性思维** 如果你在串联电路中增加一只灯泡，电路中的电阻就会增大。这时，电路中的电流会发生什么变化？
4. **测试** （　　）有独立的路径，将每个用电器连接到电源上。
   A 短路
   B 断路器
   C 串联电路
   D 并联电路
5. **基本问题** 电如何影响你的生活？

写作链接

防雷安全诗

写一首关于如何在雷暴中保持安全的诗。诗中务必包括防雷安全的知识。

艺术链接

设计电路

分别画一个串联电路和并联电路的图。每个电路应该为两个蜂鸣器供电。

科学探究

材料

充气气球

羊毛布

膨化麦片

纸巾

水

结构化探究

气球被摩擦的次数会影响它的电荷数量吗?

做出假设

当你用羊毛布摩擦气球时，气球会积聚负电荷。如果你继续摩擦气球，它的电荷会发生什么变化？把你的答案写成这样的形式："如果我继续用羊毛布摩擦气球，那么它的电荷会……"

验证假设

1. 制作一张如图所示的数据表。在桌上撒一些膨化麦片。

摩擦次数	吸附的麦片数量
1	
2	
3	
4	
5	

2. **运用数字** 用羊毛布摩擦气球一次。让气球轻轻地滚过麦片，数一数吸附在气球上的麦片数量，将这个数字记录在表格中。

3. 把麦片从气球上拿下来。用湿纸巾轻轻擦拭气球，擦干。

4. 重复 4 次步骤 2 和 3，每一次都增加一次摩擦次数。

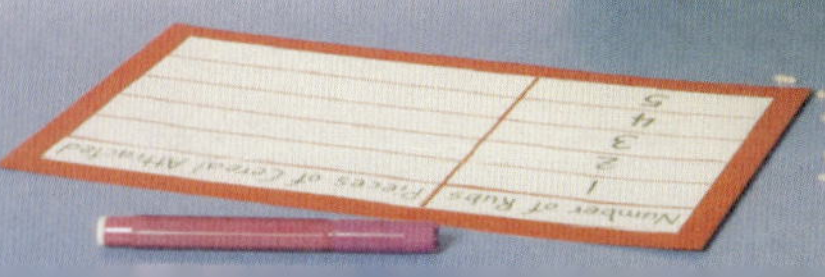

得出结论

5 **解释数据** 分析数据表，摩擦的次数如何影响气球上吸附的麦片数量？你的假设正确吗？

6 **推理** 为什么每次测试后都要用湿纸巾擦拭气球？

7 **交流** 把你的实验结果做成折线图。在一个轴上标出麦片的数量，在另一个轴上画出摩擦的次数。记得给你的折线图起个名字。

指导性探究

材料的种类会影响它的电荷吗？

做出假设

还有什么其他材料会产生静电？纸会像羊毛布一样使气球带电吗？请你做出假设。

验证假设

设计一个实验来检验纸是否能产生静电。写出实验步骤，然后开始实验。记录实验结果和在实验过程中观察到的现象。

得出结论

将实验结果添加到步骤 7 中的折线图中。比较这两组数据，你看到了哪些相似点和不同点？材料的种类会影响电荷吗？你的同学得出同样的结论了吗？

开放性探究

关于静电，你还想知道什么？例如，哪些材料是绝缘体或导体？设计一个调查来回答你的问题。你要写下调查报告，以便其他小组可以参考。

请记住要遵循科学过程。

提出问题
↓
做出假设
↓
验证假设
↓
得出结论

第5课

磁和电

看一看，想一想

磁是一种吸引力，这种无形的力量是如何起作用的？

探究活动

磁铁如何相互作用？

做出预测

磁铁有南（S）、北（N）两极，怎样使两块磁铁互相吸引？又怎样让它们彼此分开？预测每种情况下两极的位置。

检验预测

1. **观察** 将一块磁铁的北极靠近另一块磁铁的北极。此时发生了什么？记录观察结果。
2. **观察** 当你把两块磁铁的南极相互靠近时，发生了什么？记录观察结果。
3. **观察** 将一块磁铁的北极靠近另一块磁铁的南极，会发生什么？记录观察结果。

得出结论

4. **交流** 当两块磁铁的相同的磁极（S－S或N－N）放在一起时，会发生什么？当相反的两磁极被放到一起时，会发生什么？

进一步探究

磁铁上的某一部位的磁性比其他部位强吗？怎样才能找到磁铁磁性最强的部位？制定一个计划并试试看。

材 料

- 两块带有磁极标记的条形磁铁

步骤 1

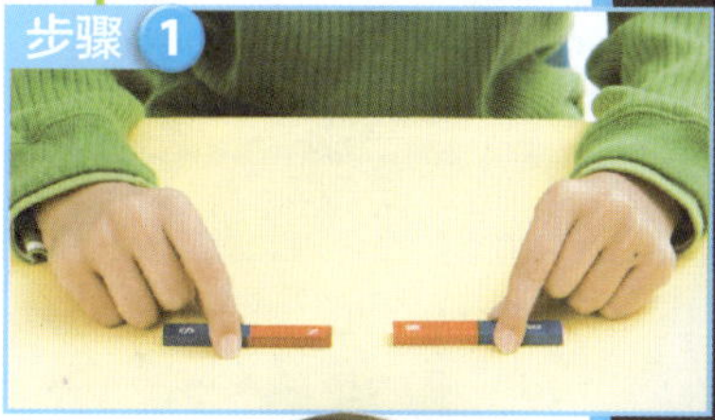

步骤 3

读一读，学一学

基本问题

电和磁有什么关系？

词汇

吸引

排斥

磁场

电磁铁

电动机

发电机

阅读技能

问题和解决方案

问题 → 解决步骤 → 解决方案

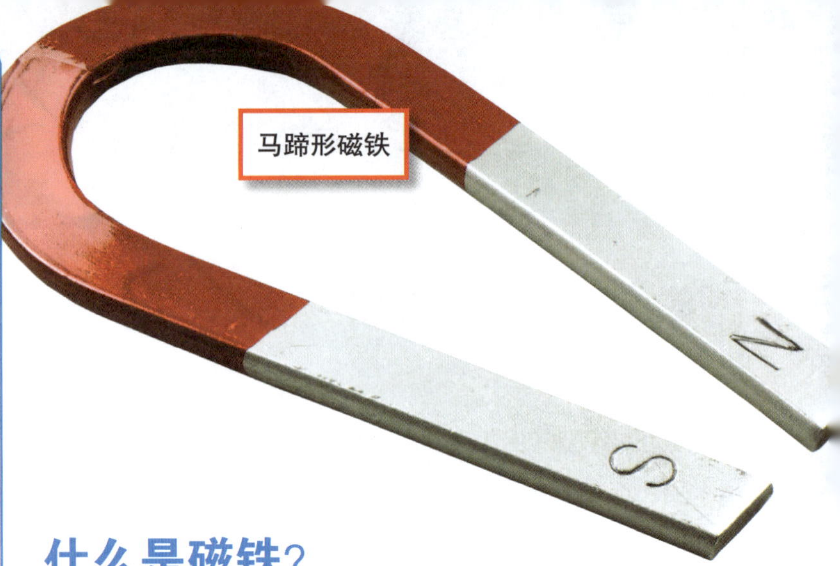

马蹄形磁铁

什么是磁铁？

我们已经探索出两块磁铁是如何相互**吸引**（attract）的，两块磁铁也可以相互**排斥**（repel）。由吸引和排斥产生的拉力和推力被称为磁力。

磁铁能吸引铁和其他一些金属制品，如镍和钴。磁铁也会产生磁场，在后面的学习中，你会了解有关磁场的知识。

磁铁有各种形状和大小，有些是简单的条状，有些是马蹄形，还有一些是环状的。

环形磁铁

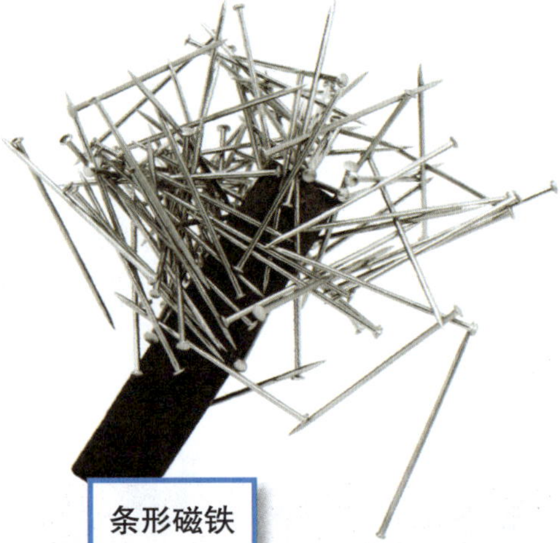

条形磁铁

同极相互排斥。

异极相互吸引。

磁极

磁铁的磁性在两极上最强。所有的磁铁都有两极——一极朝北，一极朝南。我们把它们标记为 N 和 S。

每块磁铁的磁极都有点像电荷。我们知道，负电荷会吸引正电荷。同样，一块磁铁的北极吸引另一块磁铁的南极。那么，相同磁极如何相互作用？它们互相排斥，就像同种电荷互相排斥一样。

两块磁铁靠得越近时，作用力越强。磁力随距离增大而变弱。

磁性粒子

像所有的物质一样，金属是由原子组成的，每个原子都像一块小磁铁。

在铁制成的物体中，微小的磁性原子朝不同的方向运动。如果一个铁制品靠近磁铁，这些原子就会转过来排成一行。北极朝向一个方向，南极朝向相反的方向。物体暂时具有了磁性。

快速检测

问题和解决方案 两块磁铁怎样放置才能互相排斥？

批判性思维 磁铁的磁极相互作用与电荷相互作用有何相似之处？

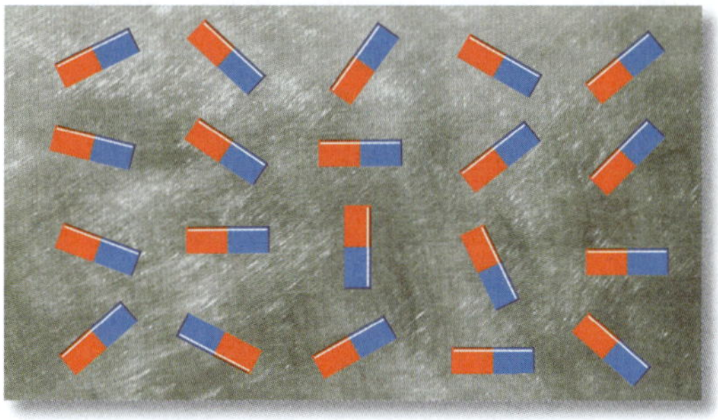

▲ 金属是由原子构成的。通常，原子磁极指向不同的方向。

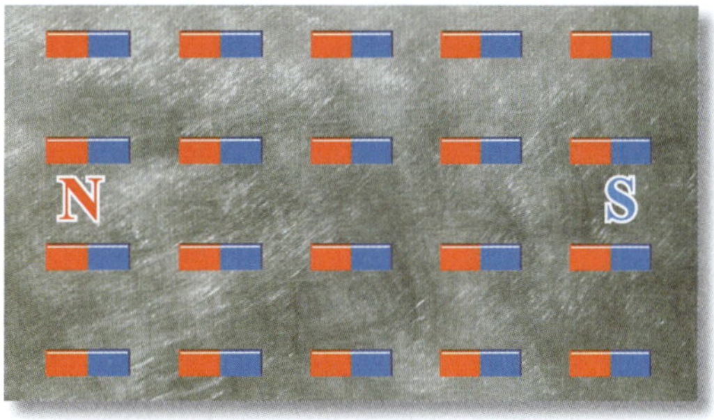

▲ 当磁铁靠近铁、镍或钴时，原子排成一行。它们指向同一个方向。

什么是磁场?

要拉车或推车时，你的手必须接触到车。磁铁可以在不接触物体的情况下拉或推物体！

磁场（magnetic field）是磁铁周围的磁力区域。每一块磁铁都有一个环绕它的磁场。

当两块磁铁的磁场重叠时，物体可以移动。即使磁铁不接触也能发生这种情况。

地球的磁场

你知道我们居住的地球实际上是一块巨大的磁铁吗？地核是由熔化的铁构成的，这种铁产生了一个环绕地球的磁场。

你可能会感到惊讶，地球实际上有两个南北极，即地理南北极和地磁南北极。地理北极位于地轴的一端，地球的地磁南极在地理北极附近。然而，这两个地方并不相同。南极也是如此。

地球的磁场

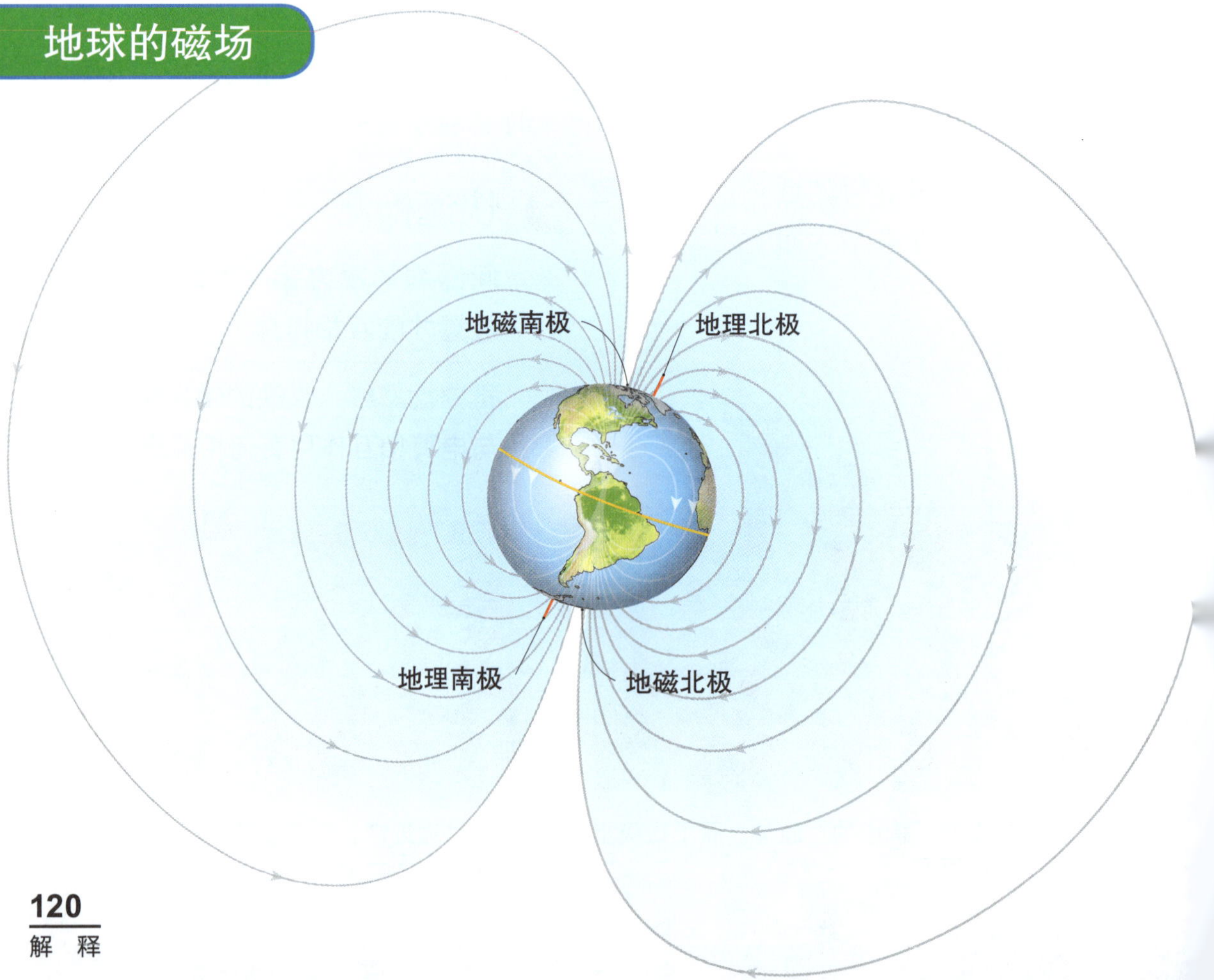

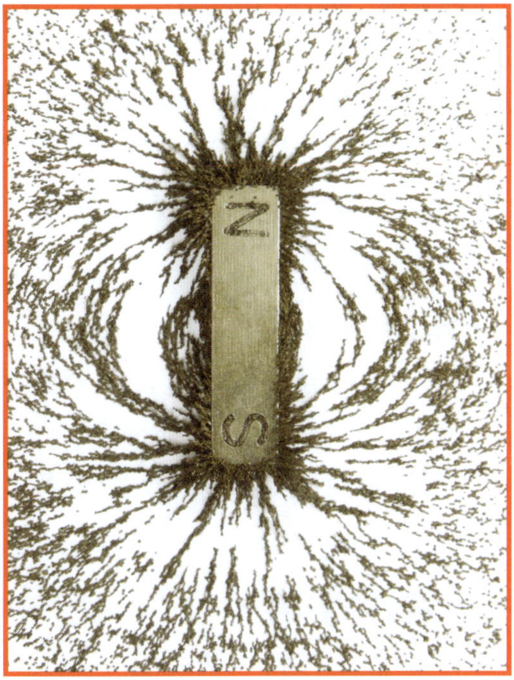

◀ 铁屑能显示条形磁铁的磁场。

指南针是一块磁铁。

看到磁场

你实际上看不到磁场，不过，你可以借助铁屑来观察磁场的样子。

铁屑被撒在上图所示的条形磁铁周围，它们沿着磁场线的方向排列。观察从一极到另一极的铁屑轨迹是如何弯曲的。此外，磁场线在两极比在中间位置更密集，这个规律体现出两极的磁场更强。

指南针是一种利用地球磁场指示方向的工具。指南针是一块薄磁铁，指南针就像磁铁周围的铁屑一样，能转向地球磁场的方向。

使用指南针

指南针的一端总是指向南方。为什么？因为地球的地磁北极吸引着指南针的 S 极。如果你迷路了，指南针将很有帮助，它可以帮助你辨认方向。

你可以用条形磁铁和一根绳子做一个指南针。把绳子绑在磁铁上，让磁铁从绳子上垂下，它将转向地球磁场的方向。

快速检测

问题和解决方案 你在森林里怎样利用磁铁找到路？

批判性思维 一些鸟类（如鸽子）的身体里有“天然的磁铁”，这对它们有什么帮助？

迷你实验

做一个电磁铁

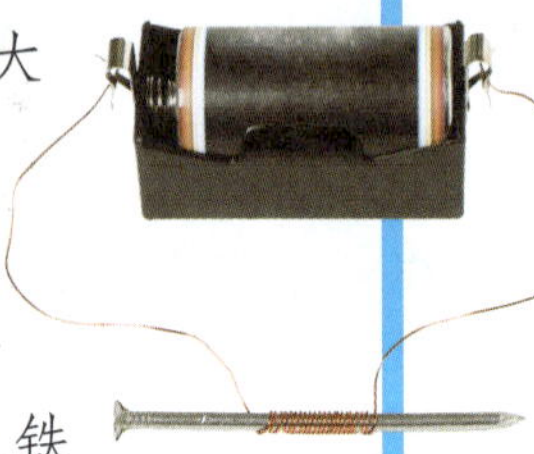

1. **预测** 怎样能使电磁铁的磁性更强——增大电流强度还是增加线圈匝数？
2. 用40厘米长的外包绝缘皮的导线绕铁钉20圈，把导线的两端接在一节一号电池上。你的电磁铁能吸附多少枚回形针？
3. 接入一根10厘米长的导线，连成一个串联电路，加入第二节一号电池。现在电磁铁能吸附多少枚回形针？
4. **运用数字** 移除第二节一号电池，将钉子上的线圈数量增加一倍。这种情况下，能吸附多少枚回形针？
5. 你的预测正确吗？请解释你的实验结果。

任何传输电流的导线周围都有一个弱磁场。▶

什么是电磁铁？

已知电流是电荷的移动，当电荷运动时，它们会形成磁场。这意味着我们可以用电流来制造磁铁。

电流的影响

通过导线的电流会在导线周围形成磁场。电流越大，磁场就越强。电流消失，磁场就会消失。

圈数的影响

假设你将导线绕成一个长长的螺旋形线圈，随着电流的流动，线圈周围的磁场会变强。长线圈中的每一个小线圈就像一个小磁铁，所有线圈上的磁场方向都相同。

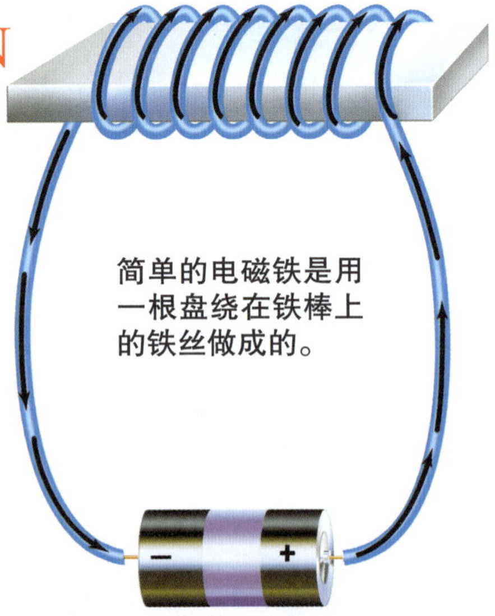

简单的电磁铁是用一根盘绕在铁棒上的铁丝做成的。

电动机的工作原理

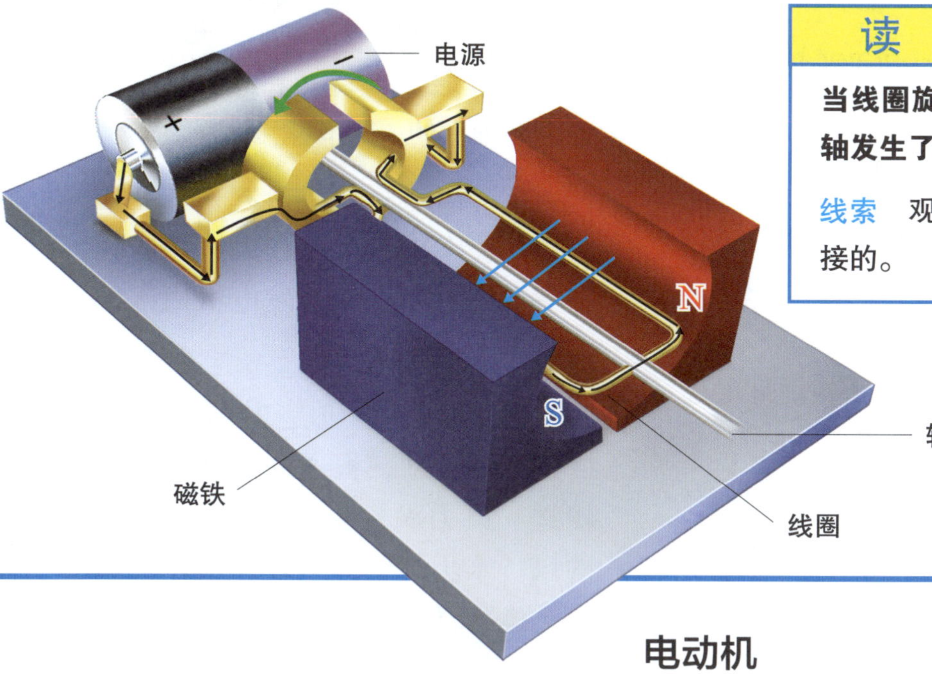

读 图

当线圈旋转时，电动机的轴发生了什么变化？

线索 观察线圈是如何连接的。

铁的作用

通过添加一个金属芯，你可以制造出更强的磁场。**电磁铁（electromagnet）**是绕在金属芯（如铁芯）上的线圈。流过线圈的电流会产生磁场。铁芯内的原子磁体排成一个方向，增强了线圈周围的磁场。

电磁铁磁性可以用开关控制，它也是耳机和电话机等电子设备上不可缺少的组成部分。

电磁铁常被用来驱动电动机。**电动机（motor）**是把电能转换成机械能的装置。

电动机

一个简易电动机主要有三个部分：电源、磁铁和一个连接在轴上的线圈。

电源形成电流，电流通过线圈，使其成为电磁铁。两边的磁铁形成的磁场对这一电磁铁施加力，这个力使线圈和轴旋转。转轴通常被连接到一个齿轮上。

快速检测

问题和解决方案 怎样能使电磁铁的磁场更强呢？

批判性思维 铁芯会对电磁铁的强度造成影响吗？

什么是发电机?

发电机(generator)将机械能转化成电能。

一台简易发电机有许多部件与电动机相同。它也有磁铁和连接在轴上的线圈。

转轴和线圈需要运动。线圈在两个磁极之间旋转，两极之间的磁场使线圈中产生电流。

涡轮机

发电机的机械能的来源是什么?这种能量通常来自涡轮机。**涡轮机**是附在轴上的一组有角度的叶片。

一台简易涡轮机看起来像一台电风扇。蒸汽、水流或风被用来驱动涡轮机，进而带动发电机内部的线圈旋转。

大多数涡轮机是由蒸汽驱动的，蒸汽通过一根通向叶片的管道输送。风力涡轮机需要强劲、稳定的风。水坝通常是为使用流水的涡轮机建造的。

发电机的工作原理

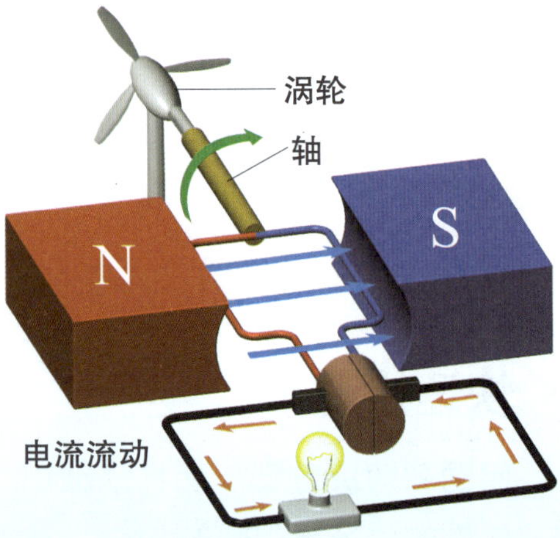

机械能使涡轮机转动，带动线圈在两极间的磁场内旋转。

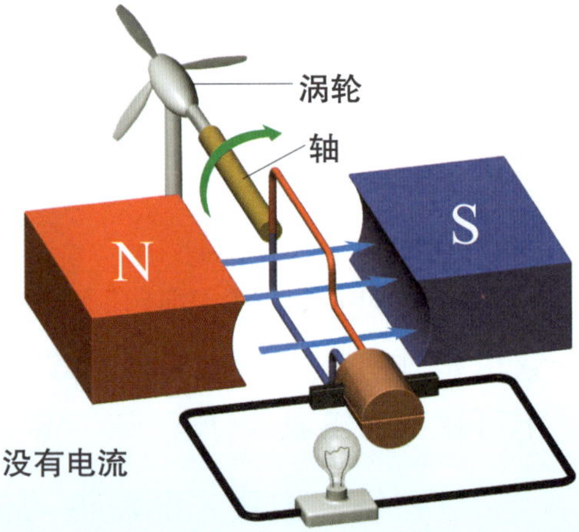

当线圈旋转时，线圈中没有电流。线圈转得太快以至于你看不见灯光的闪烁。

交流电

发电厂所有的电都是靠发电机生产的。大多数发电机产生交流电。

交流电电路中的电荷先向一个方向流动，然后向相反的方向流动，电荷不断地来回流动。大多数墙上的插座，都使用交流电。

直流电

当电流只朝一个方向流动时，就叫作**直流电**。和交流电一样，直流电路中的电荷也是连续流动的，但是电荷不会停止或逆转方向。电池是直流电源的一个例子。有些设备，比如电脑，将来自插座的交流电转换成直流电。

水流使这些发电机的涡轮转动，进而发电。

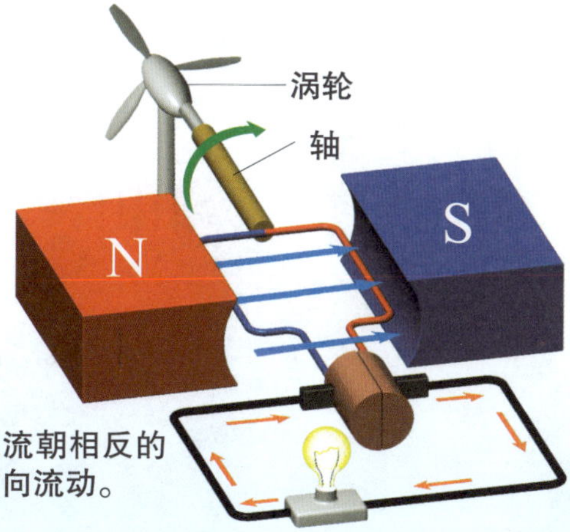

电流朝相反的方向流动。

当它继续旋转时，线圈再次进入磁场。此时线圈的两极与对应的磁铁相反。电流方向相反。

快速检测

问题和解决方案 发电机如何将机械能转化为电能？

批判性思维 简易发电机和简易电动机的组成有什么共同之处？

读 图

发电机是如何产生电流的？

线索 观察图中每一步运动的部件。

你家里的电是怎么来的？

发电厂生产电能，电流将能量输送到家庭、学校和企业。电流在电路中流动。

电压

电压也称作电势差或电位差，它的单位是**伏特**，简称伏。发电厂生产的电流，其电压一般在 25000 伏左右。为了远距离供电，电压被增强了。增大电压会减小电流，这减少了传输过程中的能量损失。

变压器

变压器可以改变电压。升压变压器可以提高电压。发电厂的电流从升压变压器经过，此时电压约为 40 万伏特。

降压变压器可以降低电压。大多数家庭使用 220 伏的电压。

快速检测

问题和解决方案 变压器能解决什么问题？

批判性思维 为什么运输高压电的输电线会离地面很高？

电能的路径

1. 发电厂生产电能。
2. 升压变压器增加电压。
3. 降压变压器降低电压。
4. 又一个变压器使电流在家庭中得到安全使用。

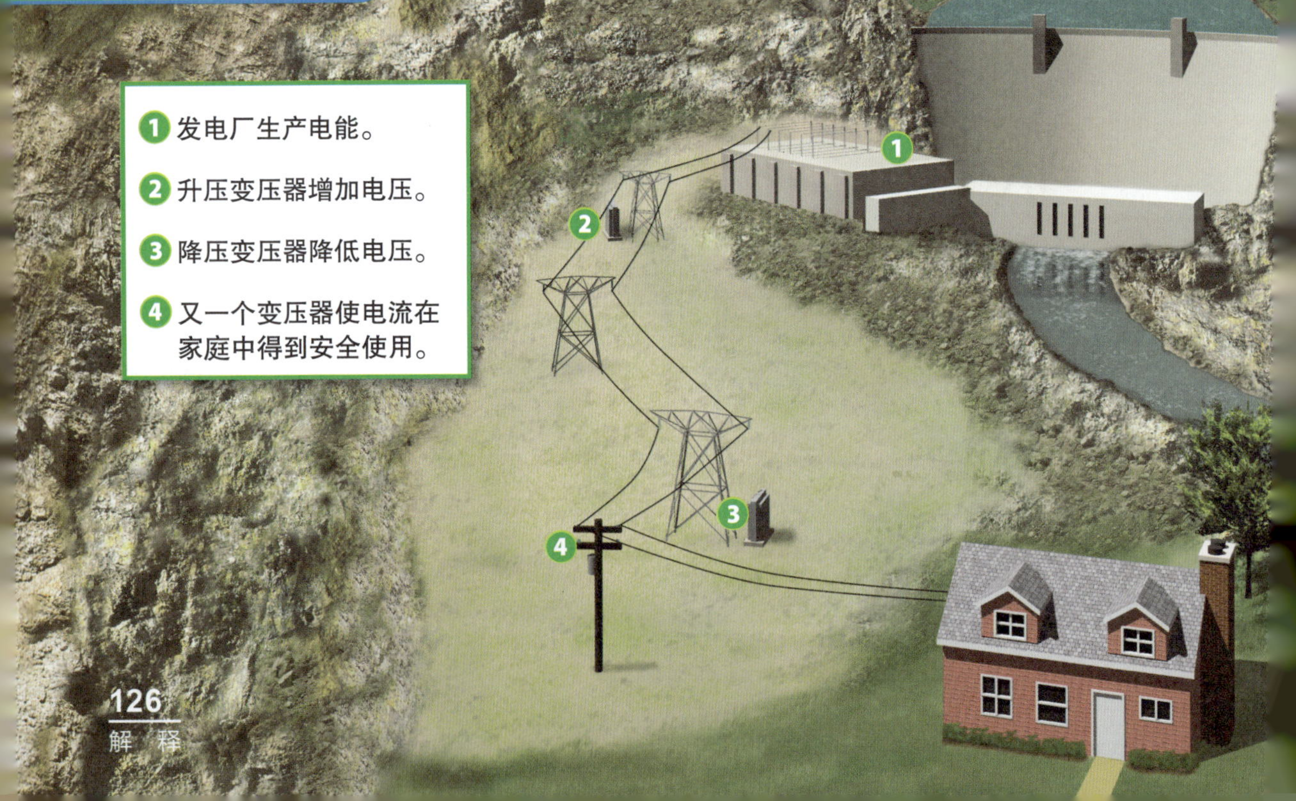

课后回顾

摘要

	磁铁是能吸引铁、钴、镍等金属的物体。
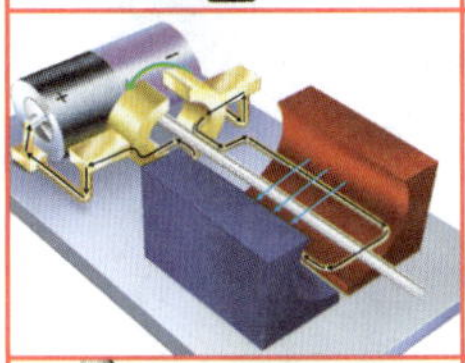	电动机把电能转化成机械能。
	发电机把机械能转化成电能。

制作 **折叠式学习卡**

制作折叠式学习卡，来总结本课关于磁和电的内容。

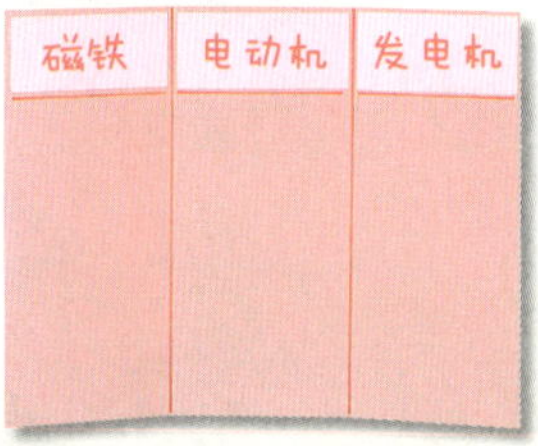

想一想，说一说，写一写

1. **词汇** 电流形成的磁体是________。
2. **问题和解决方案** 如何使电磁铁磁性更强？

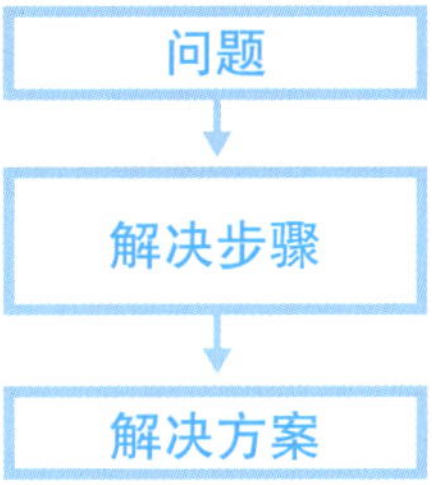

3. **批判性思维** 当电流沿同一方向流过两根导线时，导线互相吸引。为什么？
4. **测试** （　　）可以将电能转化成动能。
   A 输电线
   B 烤面包机
   C 电风扇
   D 台灯
5. **基本问题** 电和磁有什么联系？

数学链接

计算电压

发电厂使用变压器使电压加倍，如以 100 伏特电压输入，200 伏特电压输出。请问：这一变压器将会怎样改变 22000 伏的电压？

医学链接

电磁铁的医学运用

电磁铁在医学上有重要用途，研究电磁铁如何被用来诊断或治疗疾病。基于调查结果，撰写一篇报告。

转动的电动机

冰箱、吸尘器、吹风机和电风扇有一个共同点：它们都有电动机。我们今天使用的电动机得益于约瑟夫·亨利和迈克尔·法拉第的研究。1831 年，这两位科学家发现了使用电磁铁的方法。

托马斯·达文波特是佛蒙特州的一名铁匠。他掌握了电磁铁的工作原理。在亨利和法拉第发现电磁铁的几年之后，他制造了第一台简单的电动机，这台电动机能运用电磁铁把铁从铁矿石中分离出来。

1882 年，舒勒发明了电风扇。

1831 年，约瑟夫·亨利和迈克尔·法拉第使用电磁铁产生运动。

1837 年，托马斯·达文波特获得第一个电动机专利。

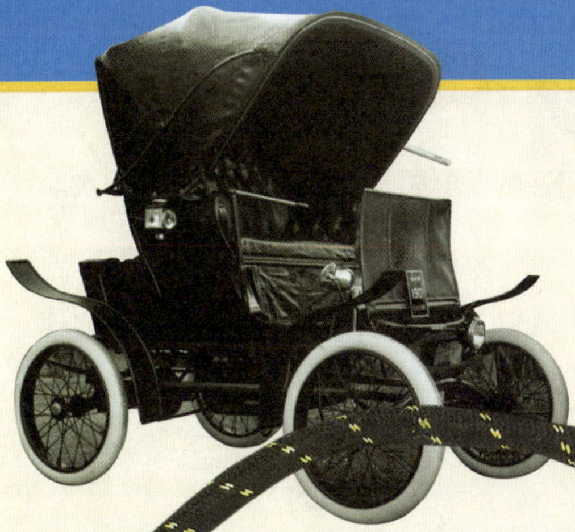

1899 年，贝克汽车公司制造电动混合动力车。这是他们1902年设计的敞篷车。

1901 年，休伯特·塞西尔·布斯为其发明的红色手推式英国吸尘器申请专利。

1908 年，赫尔利机器公司推出了电动洗衣机。

不久，人们就开始发明运用电动机的新设备。发明于 20 世纪初的洗衣机使用电动机转动，洗衣机里还有另一个电动机负责进水的开关。

第一代汽车只有少数使用电能，而今许多新型汽车除了使用汽油机外，还使用电动机。电动机在许多方面都发挥着作用，你还能想到其他使用电动机的机器吗？

问题和解决方案

- 问题是需要解决的事情。
- 解决方案是帮助你解决问题的计划。

写作

问题和解决方案 托马斯·达文波特用他的电动机解决了什么问题？写出一个你遇到的问题，比如一个凌乱的房间，电动机是如何帮助你解决这个问题的？

AMERICAN MUSEUM OF NATURAL HISTORY

第2章 复习和测试

摘要

第 1 课 热量从较热的物体流向较冷的物体。热量传递有三种主要方式。

第 2 课 当能量使物体振动时，就会产生声音。

第 3 课 白光由不同波长的波组成。在同种介质中，光沿直线传播。

第 4 课 起电是电荷的积聚。电流在电路中流动。

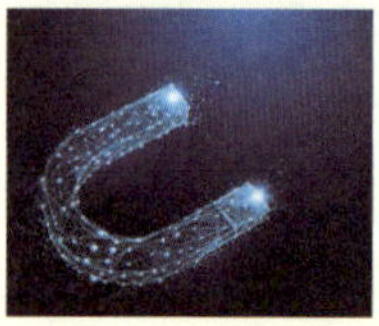

第 5 课 磁铁吸引铁、钴、镍等金属。电磁铁使用电流。

制作 折叠式学习卡

如图所示，把本章每一课的折叠式学习卡组合在一起，来复习本章内容。

词 汇

DOK 1

选择下列词语填空，每个词语限用一次。

振幅	发电机
电路	热量
对流	磁场
放电	棱镜
回声	透明的

1. 当声音被反射时，它会产生__________。
2. 带电物体中电荷的快速移动称为________。
3. 你可以很容易地透过玻璃看东西，因为它是________。
4. 通过液体或气体传递热量的过程是________。
5. 地球被看不见的________包围着。
6. 机械能可以通过________转化为电能。
7. 能量大的声音________也大。
8. 白光可以被________分散成不同的颜色的光。
9. 物体之间的热能传递是________。
10. 电流在________中流动。

科学技能和科学概念

DOK 2～3

回答下列问题。

11. **中心思想和论据** 一个男孩触摸了一下金属门把手，他瞬间感到被电击了。如何解释这一情况？

12. **推理** 你的老师交给你一个不明物体，让你描述它的性质。你通过测试，发现它被磁铁吸引了。关于这个物体，你能推断出什么？

13. **批判性思维** 什么样的材料可以作为热汤的隔热材料？

14. **叙事** 经研究表明，颜色会影响你的心情。例如，蓝色是一种让很多人感到平静的颜色。围绕颜色对你的影响写一篇短文。

15. **批判性思维** 声音能在真空中传播吗？

16. **描述性写作** 描述发电机是如何发电的。

17. **判断正误** *热量不能在太空中传播。*这个说法对吗？请简要说明。

18. **判断正误** *透明物体吸收或反射所有的光。*这个说法正确吗？简要说明。

19. 手电筒的光射到镜子上时，会发生的是（　　）。

A 光消失了

B 光变成了一种新的能量形式

C 光从镜子上被反射回来

D 光被完全吸收了

大概念

20. 我们如何使用能量？

表现性评价

DOK 2

我洗耳恭听！

建立一个模型，展示人耳是如何帮助我们听到声音的。

1. 参照下图，来理解产生声音和听到声音的过程。

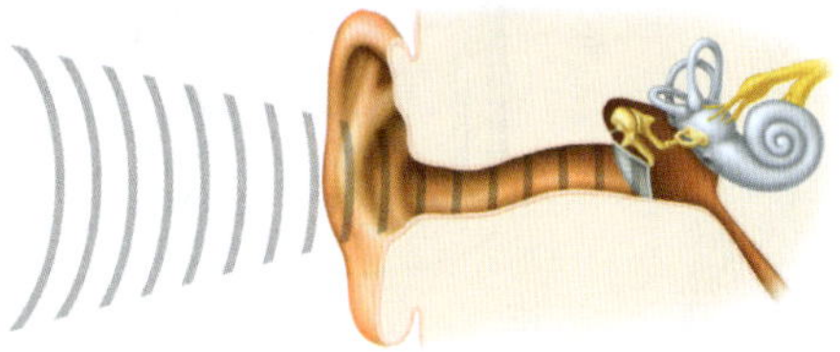

2. 使用黏土、纸或其他材料来建立模型，包括对每一个步骤的标注和书面说明。

测　试

1　下图显示了两种透镜中透过的光线。

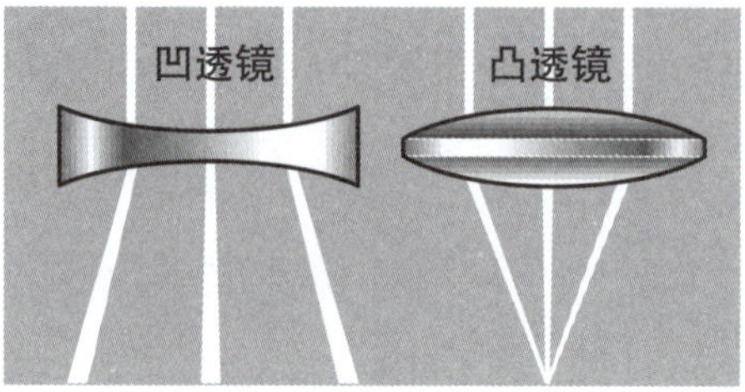

这张图显示了光的（　　）。
DOK 2

A 折射
B 吸收
C 反射
D 半透明度

2　对于鼓手来说，增大鼓声的最好方法是（　　）。
DOK 2

A 敲小一点的鼓
B 敲更大的鼓
C 用更小的力击鼓
D 用更大的力击鼓

3　下列关于异名磁极相互作用的陈述正确的是（　　）。
DOK 1

A 它们会互相吸引
B 它们会互相排斥
C 它们不会相互作用
D 当它们碰到一起时会振动

4　窗帘挡住了光，窗帘是（　　）。
DOK 2

A 半透明的　　B 透明的
C 不透明的　　D 凸面的

5　请看下面的图。

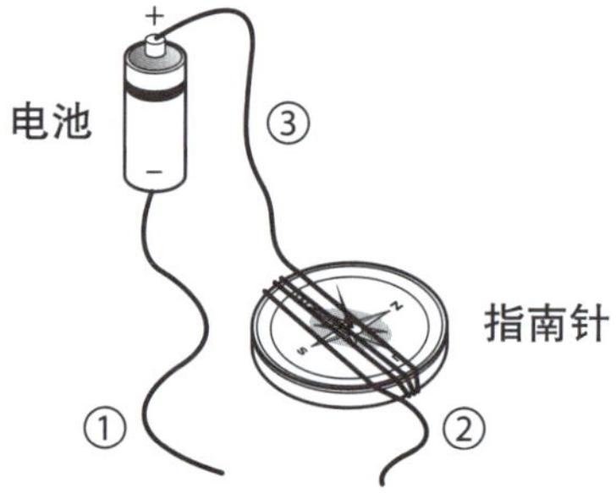

下列可以使指南针的指针转动起来的是（　　）。
DOK 1

A 更换电线
B 更换电池
C 连接导线①和②
D 连接导线②和③

6 下图中的灯泡和发动机都能工作的是（　　）。

DOK 2

A
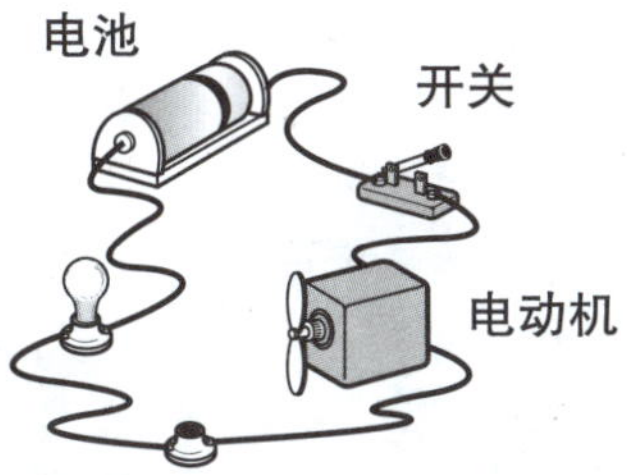

B
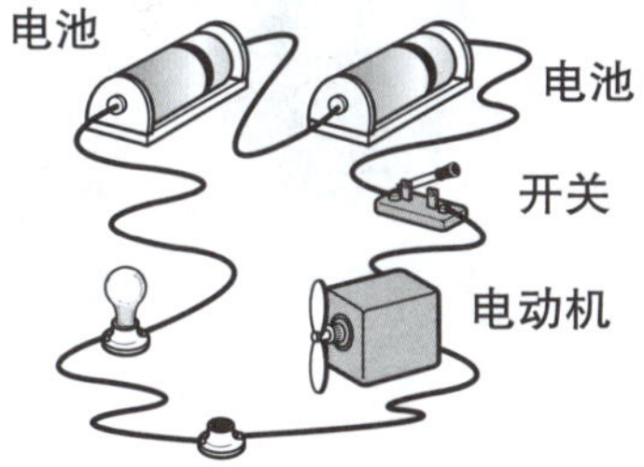

C
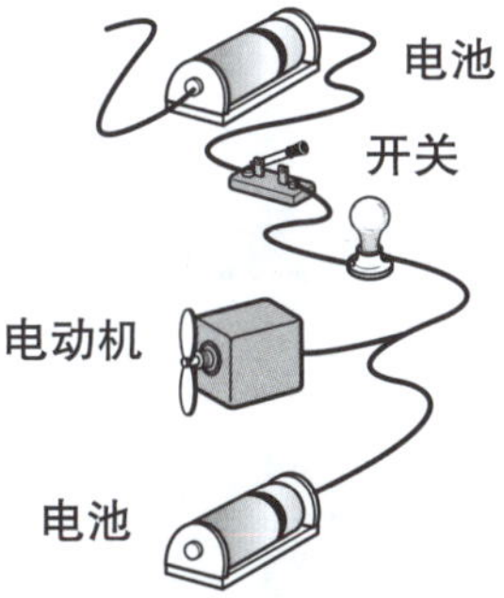

D
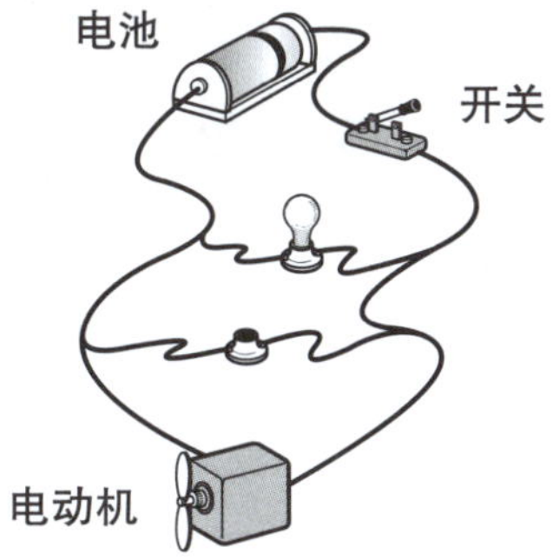

7 请看下图所示的电磁铁。

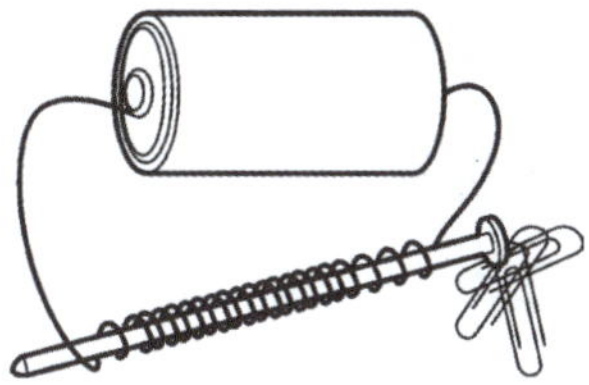

说出两种可以使电磁铁磁性更强的方法。

DOK 2

8 描述热量是如何通过传导、对流和辐射传递的。举一个例子。

DOK 1

9 热量和温度的区别是什么？

DOK 2

10 一根吉他弦能发出高音，如何降低它的音调？

DOK 2

检　查

问题	对应页码	问题	对应页码
1	96	6	110~111
2	86~87	7	122~123
3	117~119	8	74~75
4	100	9	72~73
5	110，120~123	10	87

电工

你曾经有过停电的经历吗？停电就是电路断开了。你要找谁来修？你该叫电工来！电工会安装警报器、修理开关和更换电线。他们能处理好所有的关于电流的问题。电工对电了如指掌，他们善于使用相关工具。

▲ 电工安装电线、开关和插座。

电气工程师

假设某市正在修建一座新的体育场。电灯、屋顶和记分牌都是靠电来运行的，制热系统、制冷系统和安全系统也离不开电能。这些功能是由电气工程师设计的。电气工程师可以规划和建造许多类型的电气系统。

要成为一名电气工程师，你需要学好数学和科学。有的电气工程师在工厂里工作，有的可能在大学任教并做科研。

▲ 电气工程师设计电气系统并使其工作。

《科学启蒙（第二版）》版权声明

科学启蒙（第二版） 力和能量 ④

McGraw-Hill Education
Science A Closer Look
Forces and Energy
978-0-02-135619-5

浙江省版权局著作权合同登记号：11-2018-537

图书在版编目（CIP）数据

科学启蒙 ：第二版. 力和能量. ④ / （美）杰伊·哈克特等著 ；张俊等译. -- 杭州 ：浙江教育出版社，2020.3（2021.4 重印）
ISBN 978-7-5536-9820-5

Ⅰ. ①科… Ⅱ. ①杰… ②张… Ⅲ. ①科学知识一少年读物②物理学一少年读物 Ⅳ. ①Z228.1②04-49

中国版本图书馆CIP数据核字(2020)第024579号

科学启蒙（第二版）
KEXUE QIMENG (DI ER BAN)
力和能量④
LI HE NENGLIANG 4

出版发行 浙江教育出版社（杭州市天目山路40号 电话：0571-85170300-80928）
原 著 名 SCIENCE A CLOSER LOOK
FORCES AND ENERGY
翻　　译 张 俊 邓小耶 应宇峰
审　　定 郝京华
图片来源 海洛创意
责任编辑 赵英梅
封面设计 韩 波
责任校对 何 理
责任印务 沈久凌

图文制作 杭州兴邦电子印务有限公司
印　　刷 杭州富春印务有限公司
开　　本 787mm×960mm 1/16
印　　张 9.25
字　　数 185 000
版　　次 2020年3月第1版
印　　次 2021年4月第3次印刷
标准书号 ISBN 978-7-5536-9820-5
定　　价 32.00元